W. Ascher

Die Wirtschaftlichkeitsprüfung

Kürzungen und Regressen
erfolgreich begegnen

2., aktualisierte Auflage

W. Ascher

Die Wirtschaftlich-keitsprüfung

Kürzungen und Regressen erfolgreich begegnen

2., aktualisierte Auflage

ecomed

Hinweis

Die Wiedergabe von Gebrauchsnamen, Handelsnamen, Warenbezeichnungen usw. in diesem Werk berechtigt auch ohne besondere Kennzeichnung nicht zu der Annahme, daß solche Namen im Sinne der Warenzeichen- und Markenschutzgesetzgebung als frei zu betrachten wären und daher von jedermann benutzt werden dürften.

In diesem Werk werden Rechtsvorschriften mitgeteilt. Der Leser darf darauf vertrauen, daß Autor und Verlag größte Mühe darauf verwandt haben, diese Angaben bei Fertigstellung des Werkes bzw. der Ergänzungslieferung genau dem Wissensstand entsprechend zu bearbeiten; dennoch sind Fehler nicht vollständig auszuschließen. Aus diesem Grund können Autor und Verlag keine Gewähr für die Richtigkeit der mitgeteilten Daten und Angaben übernehmen; eine Verpflichtung oder Haftung kann aus ihnen nicht herbeigeführt werden.

Mit freundlicher Empfehlung   Autor und Verlag

Die Deutsche Bibliothek – CIP-Einheitsaufnahme

Ascher, Wolfgang:
Die Wirtschaftlichkeitsprüfung : Kürzungen und Regressen erfolgreich begegnen / W. Ascher. – 2., aktualisierte Aufl.. – Landsberg/Lech : ecomed, 2002
ISBN 3-609-51362-4

W. Ascher: Die Wirtschaftlichkeitsprüfung, 2., aktualisierte Auflage

© 2002 ecomed verlagsgesellschaft AG & Co. KG

Justus-von-Liebig-Straße 1, 86899 Landsberg/Lech, Telefon 08191/125-0, Telefax 08191/125-292, Internet: http://www.ecomed.de
Satz: abc.Mediaservice GmbH, 86807 Buchloe
Druck: VEBU Druck GmbH, 88427 Bad Schussenried
Printed in Germany 510362/302105
ISBN: 3-609-51362-4

Vorwort
des Chefredakteurs von ARZT & WIRTSCHAFT zur 2. Auflage

Wirtschaftlichkeitsprüfung – viele Niedergelassene erstarren angesichts dieser Vokabel in unnötiger Ehrfurcht und schrecken ängstlich davor zurück, sich in diese komplexe Rechtsmaterie einzuarbeiten. Das ist vielleicht menschlich verständlich, doch auf jeden Fall eine riskante Sache. Sichere Regreßprophylaxe und somit erfolgreiche Praxisführung setzen nämlich voraus, daß der Vertragsarzt mit den Spielregeln der Wirtschaftlichkeitsprüfung vertraut ist.

Die Wirtschaftlichkeitsprüfung ist eines von drei Prüfverfahren vertragsärztlicher Leistungen:

- Die Abrechnungsprüfung erfaßt, ob die aufgeführten Leistungen tatsächlich den Gebührenordnungen entsprechen und rechnerisch richtig sind; sie geht der Wirtschaftlichkeitsprüfung vor.

- Die Wirtschaftlichkeitsprüfung selbst untersucht, ob der Niedergelassene die Grenzen der ausreichenden, zweckmäßigen und notwendigen Behandlung eingehalten hat.

- Und Schadensregreß kann geltend gemacht werden, wenn einem Vertragsarzt ein Behandlungsfehler unterlaufen ist.

Die Wirtschaftlichkeitsprüfung ist eine gemeinsame Aufgabe der Kassenärztlichen Vereinigung und der Krankenkassen. Alle Leistungen des Arztes, auch seine verordneten Leistungen, werden dabei berücksichtigt. Weicht das Leistungsprofil des Arztes von den vorgegebenen Richtgrößen ab, greift die Auffälligkeitsprüfung. Anhand von Durchschnittswerten einer Vergleichsgruppe oder Richtgrößen wird dann festgestellt, wie groß der Abweichungsgrad ist. Liegen der Prüfung Durchschnittswerte zugrunde, kann der Arzt zu seiner Entlastung Praxisbesonderheiten oder Minderaufwand geltend machen. Freilich: Nicht jeder Spleen ist aber eine Praxisbesonderheit, die Nachsicht bei der Wirtschaftlichkeitsprüfung rechtfertigt.

Möglich ist auch eine Zufälligkeitsprüfung: Hierbei werden pro Quartal bei zwei Prozent der Ärzte arzt- und versichertenbezogene Stichproben gezogen und geprüft. Stellt sich dabei heraus, daß der Niedergelassene gegen das Wirtschaftlichkeitsgebot verstoßen hat, wird sein Honorar gekürzt.

Alles klar? Was schnell erzählt ist und sich wegen seiner grundsätzlichen Logik auch mindestens ebenso schnell begreifen läßt, kommt in der täglichen Praxis natürlich viel komplizierter daher und zwingt die Betroffenen immer wieder, am Logos zu zweifeln. Hier setzt das vorliegende Buch meines langjährigen A&W-Kollegen Wolfgang Ascher ein. Behutsam führt es den Leser durch das juristische Minenfeld der Wirtschaftlichkeitsprüfungen und warnt ebenso kenntnisreich wie rechtzeitig vor KV-Fußangeln und Kassen-Sprengfallen.

War schon die erste Auflage dieses Buches ein hilfreicher und deshalb gerühmter Ärzte-Ratgeber, dessen hohen Nutzwert selbst KV- und Kassen-Prüfer zu ihrem Leidwesen anerkennen mußten, so müssen sich die jetzt noch wärmer anziehen. In der vorliegenden Auflage überarbeitete Wolfgang Ascher sein Manuskript entsprechend neuesten Erkenntnissen und berücksichtigt alle heute relevanten weil in der Zwischenzeit von den Sozialgerichten getroffenen Entscheidungen. Dieser wichtige Ärzte-Ratgeber genügt in der vorliegenden zweiten Auflage somit erneut aktuellsten Herausforderungen.

Wenn Sie durch unser monatliches erscheinendes Heft ARZT & WIRTSCHAFT auf dieses Buch aufmerksam geworden sind, dann lassen Sie sich von mir an dieser Stelle noch auf die übrigen Praxis-Ratgeber aus der ARZT & WIRTSCHAFT-Bibliothek hinweisen. Wenn Sie unser Heft noch nicht kennen, dann lassen Sie mich dies bitte wissen (Telefon 08191-125143, eMail aw@mi-verlag.de). Gerne lasse ich Ihnen dann ein Probeexemplar zukommen. ARZT & WIRTSCHAFT (Marktführer unter den ärztlichen Wirtschaftstiteln) und ARZT & WIRTSCHAFT-Bibliothek gemeinsam verfolgen nämlich nur ein Ziel: Ihnen zu helfen, damit aus Ihrem Umsatz Gewinn wird und Sie Ihre Praxis wirtschaftlich erfolgreich führen können.

Landsberg, im März 2002   Hans-Joachim Hofmann

Vorwort
des Autors zur 2. Auflage

Das vorliegende Buch zum Thema „Wirtschaftlichkeitsprüfung" soll dem Interessierten, vor allem dem Arzt, einen Einblick in die Funktionsweise der Wirtschaftlichkeitsprüfung geben und hierdurch Möglichkeiten eröffnen, Honorarkürzungen und Verordnungsregresse zu vermeiden oder erfolgreich anzugreifen.

In diesem Bereich geht es – leider – vor allen Dingen um juristische und weniger um medizinische Probleme, daher wurde bewußt ein Aufbau unter diesem Blickwinkel vorgenommen. Zu allen wichtigen Punkten werden die Fundstellen der höchstrichterlichen Rechtsprechung benannt, um die notwendige Argumentationshilfe zu geben.

Meine mehr als 15jährige Erfahrung in Kassenärztlichen Vereinigungen und als Geschäftsführer in einem ärztlichen Berufsverband belegen, daß sich die Prüfgremien nicht selten weder an die Vorgaben der Prüfvereinbarung noch an die sozialgerichtliche Rechtsprechung zum Thema „Wirtschaftlichkeitsprüfung" halten. Unter rein statistischen Gesichtspunkten scheinen sie damit Erfolg zu haben, weil viele der betroffenen Ärzte sich nicht gegen solche Bescheide wehren – nicht wehren, weil sie die kritischen Punkte nicht kennen.

Mit diesem Buch möchte ich Ihnen die Möglichkeiten zeigen, wunde Punkte zu finden, um im „Kampf" mit den Prüfgremien besser zu bestehen.

Im Bereich der Arzneimittelverordnungen hat sich die Situation gegenüber den bisherigen – ungeliebten – Arzneimittelbudgets auch durch die Abschaffung des Kollektivbudgets zum 1. Januar 2002 nicht verbessert. Im Gegenteil, die Regreßgefahr für den einzelnen Arzt ist sogar gestiegen, da die „Schutzwirkung" des kollektiven Arzneimittelbudgets nunmehr entfällt!

Hinzu kommt, daß infolge der Einführung der sogenannten „Zielvereinbarungen" auf Landesebene quasi durch die Hintertür ein vertragliches Arzneimittelbudget zu vereinbaren ist.

Abschließend darf ich darauf hinweisen, daß der Begriff „Arzt" als Oberbegriff sowohl für männliche als auch für weibliche Angehörige dieser Berufsgruppe verwendet wird. Die in dieser Auflage verwendeten DM-Beträge gelten für die Prüfung bis zum 4. Quartal 2001; ab 1/2002 wird in Euro gerechnet.

Bergheim, im März 2002   Wolfgang Ascher
                                                 Rechtsanwalt

Inhaltsverzeichnis

Einführung

Das Wirtschaftlichkeitsgebot

Das Gebot der Wirtschaftlichkeit in der vertragsärztlichen (früher: kassen- und vertragsärztlichen) Versorgung durchzieht das gesamte Fünfte Sozialgesetzbuch (SGB V). Es richtet sich an alle in der Gesetzlichen Krankenversicherung Beteiligten:

- Vertragsärzte (= „Leistungserbringer"); §§ 70 und 12 SGB V
- Versicherte (Patienten), § 12 SGB V
- Krankenkassen, §§ 12 und 72 SGB V
- Einrichtungen der Selbstverwaltung (Kassenärztliche Vereinigungen, Bundesausschüsse), § 72 SGB V.

Die **Zentralnorm** für die Wirtschaftlichkeitsprüfung in der ambulanten vertragsärztlichen Versorgung ist **§ 106 SGB V**. Hierauf gehen wir gleich ein.

Zuvor ist darauf hinzuweisen, daß es noch andere Maßnahmen gibt, die sich zwar auch auf das Honorar auswirken, mit der Wirtschaftlichkeitsprüfung im Sinne des § 106 SGB V aber ganz und gar nichts zu tun haben (siehe Abb. 1):

- Bei der **sachlich-rechnerischen Richtigstellung** werden die Anspruchsvoraussetzungen für die nach dem Einheitlichen Bewertungsmaßstab (EBM) abgerechneten Leistungen geprüft (tatsächliche Erbringung, Einhaltung der Leistungsbeschreibung und Beachtung der Fachgebietsgrenzen, Einhaltung der individuellen Praxis- und/oder Zusatzbudgets, künftig auch auf Einhaltung der arztindividuellen Regelleistungsvolumina sowie Streichung bei Überschreitung des Labor-O I-Individual-Budgets).
  Zuständig in diesem Bereich ist die Kassenärztliche Vereinigung und nicht der Prüfungsausschuß (BayLSG Urteil vom 29.02.1988 – L 12 Ka 99/86, SG Stuttgart Urteil vom 25.03.1992 – S 15 Ka 3065/90).
- Bei Überschreitung von **Höchstpunktzahlen-Grenzwerten** nach dem Honorarverteilungsmaßstab werden darüber hinaus angeforderte Punkte nicht vergütet. Hier werden für jede Arztgruppe Höchstwerte für die abrechnungsfähige Gesamtpunktzahl ermittelt, die in der Regel das Doppelte des Fachgruppendurchschnittes beträgt. Derartige Maßnahmen sind nach der Rechtsprechung zulässig, weil § 85 Abs. 4 SGB V eine „Begrenzung wegen übermä-

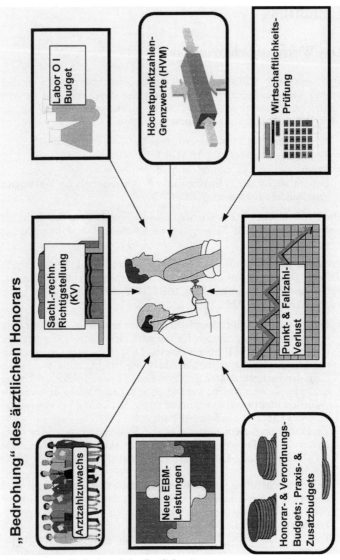

Abbildung 1: „Bedrohung" des ärztlichen Honorars

ßiger Ausdehnung der vertragsärztlichen Tätigkeit" im HVM vorsieht.

- Zu den Zeiten der Geltung von strengen **Budgets** im Honorar-, Arzneimittel- und Heilmittelsektor haftete die Vertragsärzteschaft ebenfalls (§ 85 Abs. 3a, § 84 SGB V).

Bei allen derartigen Maßnahmen kann der betroffene Arzt nur gegen den Honorarbescheid vorgehen (Widerspruch, Klage); im Rahmen eines entsprechenden Verfahrens würde dann inzident die Rechtmäßigkeit dieser Regelungen überprüft.

§ 106 SGB V

Die eigentliche Wirtschaftlichkeitsprüfung sieht grundsätzlich **drei Prüfungsarten** vor:

- die **Auffälligkeitsprüfung** einschl. Richtgrößenprüfung (§ 106 Abs. 2 Nr. 1 SGB V),
- die **Zufälligkeitsprüfung** (§ 106 Abs. 2 Nr. 2 SGB V) sowie
- **weitere,** auf Landesebene vereinbarte **arztbezogene Prüfungsarten** (§ 106 Abs. 2 Nr. 2 SGB V).

Das Bundesverfassungsgericht hat die Prüfung der Wirtschaftlichkeit der ärztlichen Behandlungs- und Verordnungsweise als mit dem Grundgesetz vereinbar anerkannt (BVerfG Urteil vom 29.05.1978 – 1 BvR 951/77).

Die Einzelheiten, wie die Prüfung durchzuführen ist, welche Prüfinstanzen es gibt und wie diese besetzt sind, ergibt sich aus der Prüfvereinbarung.

Prüfvereinbarung

Während es bis zum Gesundheitsstrukturgesetz (GSG 1993) für den Bereich der Primärkassen jeweils auf Landesebene eine und für den Ersatzkassensektor eine bundesweit gültige Prüfvereinbarung gab, gilt spätestens seit 1. Januar 1995 für die Primär- und Ersatzkassen in jedem Bundesland **eine einheitliche** Prüfvereinbarung.

Mit Inkrafttreten des GSG zum 1. Januar 1993 wurde die bisherige Trennung in Prüfungsausschüsse (Primärkassen) und Prüfungskommissionen (Ersatzkassen) aufgegeben. Seit diesem Zeitpunkt gibt es nur noch **einen gemeinsamen Prüfungsausschuß;** das gleiche gilt für die sog. Widerspruchsinstanz, den **Beschwerdeausschuß**, der über Widersprüche gegen Prüfbescheide des Prüfungsausschusses (1. Verwaltungsinstanz) entscheidet.

Beide Prüfinstanzen sind mit der gleichen Anzahl an Ärzte- und Kassenvertretern zu besetzen. Die genaue Anzahl ergibt sich aus der jeweiligen (Landes-)Prüfvereinbarung. Der **Vorsitz** in den Prüfgremien wechselt jährlich; außerdem wechselt der Vorsitz zwischen Prüfungsausschuß und Beschwerdeausschuß, d.h. wenn vor dem Prüfungsausschuß die Ärzteseite den Vorsitz hatte, liegt der Vorsitz im Beschwerdeausschuß auf der Kassenseite. In Abstimmungen gibt bei Stimmengleichheit das Votum des Vorsitzenden den Ausschlag.

Im Prüfbescheid müssen die Namen der Vertreter der Ärzte- und Kassenseite sowie des Vorsitzenden vermerkt sein, die an der Entscheidung mitgewirkt haben. Nur so könnte man ggf. feststellen, ob ein Mitglied des Prüfgremiums z.B. wegen der Besorgnis der Befangenheit ausgeschlossen wäre. Außerdem darf ein Vertreter, der im Prüfungsausschuß mitentschieden hat, im Beschwerdeausschuß nicht mitwirken!

Lesen Sie bitte den Musterprüfbescheid auf dem Faltblatt am Ende des Buches.

Alle wichtigen Themen finden Sie im Musterprüfbescheid, dort sind die entsprechenden **Stichworte fett gedruckt!**

Erster Prüfungszug:
Das Verfahren vor dem Prüfungsausschuß

Im Honorarsektor erstellen die KVen Gesamtübersichten sowie **Frequenz-(Häufigkeits-)Statistiken** über die abgerechneten Gebührennummern nach dem EBM.

Im Verordnungssektor sind dies (Arznei-)**Kostenstatistiken** bzw. arztpraxisindividuelle Richtgrößengesamtsummen, bei deren Überschreitung Regresse drohen. Wie diese Statistiken aussehen (von KV zu KV verschieden), sehen Sie auf den Seiten 16 bis 17.

Aus der Frequenzstatistik geht hervor, wie oft eine bestimmte Gebührenordnungsnummer vom Arzt und seiner Vergleichsgruppe abgerechnet wurde; außerdem erfährt er, inwieweit er mit dem Ansatz dieser Nummer die Vergleichsgruppe über- oder unterschreitet.

In der Gesamtübersicht werden Leistungen nach Gruppen zusammengefaßt (z.B. Beratungs- und Betreuungsgrundleistungen, Visiten, Besuche, eingehende Untersuchungen, allgemeine und Sonderleistungen usw.). Diese Übersicht zeigt auch, wie hoch der Anteil an Not- und Vertreterscheinen, Überweisungen, Vorsorgeuntersuchungen sowie Mitglieder-, Familienversicherten- und Rentnerfällen ist. Auch hier werden die jeweiligen Über- und Unterschreitungswerte zur Vergleichsgruppe ausgewiesen.

A&W-Tip

Diese Informationen sind wichtig sowohl im Hinblick auf die Vermeidung von Kürzungen und Regressen als auch im späteren Prüfverfahren!

*Unter*schreitungen bieten Handlungsspielraum, *Über*schreitungen engen ein, sofern sie nicht durch Praxisbesonderheiten gerechtfertigt sind!

Die statistischen Unterlagen dienen als Grundlage für die Entscheidung darüber, ob ein Prüfverfahren eingeleitet wird oder nicht.

In einigen (Landes-) KVen sieht die Prüfvereinbarung ein sogenanntes **Auswahlgespräch** vor, in welchem entschieden wird, ob ein Prüfverfahren initiiert wird oder nicht.

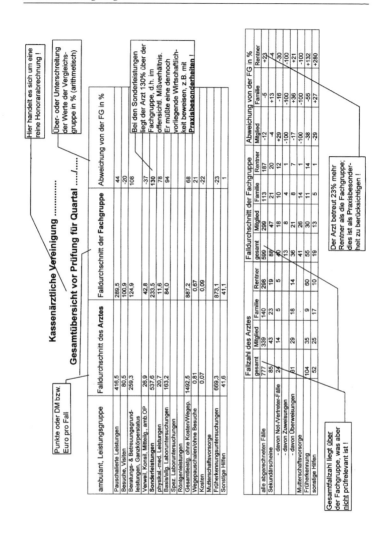

Abbildung 2: Muster einer Honorar-Gesamtübersicht

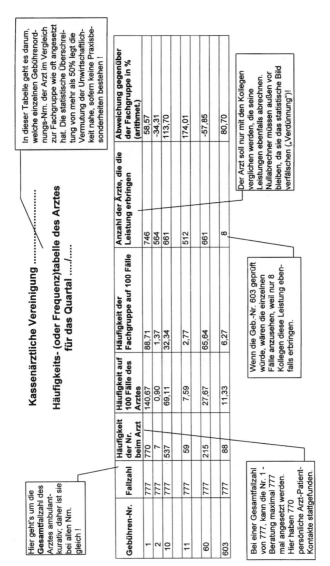

Kassenärztliche Vereinigung ....

Häufigkeits- (oder Frequenz)tabelle des Arztes für das Quartal ...../......

In dieser Tabelle geht es darum, welche einzelnen Gebührenordnungs-Nrn. der Arzt im Vergleich zur Fachgruppe wie oft angesetzt hat. Die statistische Überschreitung von mehr als 50% legt die Vermutung der Unwirtschaftlichkeit nahe, sofern keine Praxisbesonderheiten bestehen!

Hier geht's um die Gesamtfallzahl des Arztes ambulant-kurativ; daher ist sie bei allen Nrn. gleich!

Der Arzt soll nur mit den Kollegen verglichen werden, die seine Leistungen ebenfalls abrechnen. Nullabrechner müssen außen vor bleiben, da sie das statistische Bild verfälschen („Verdünnung")!

Gebühren-Nr.	Fallzahl	Häufigkeit der Nr. beim Arzt	Häufigkeit auf 100 Fälle des Arztes	Häufigkeit der Fachgruppe auf 100 Fälle	Anzahl der Ärzte, die die Leistung erbringen	Abweichung gegenüber der Fachgruppe in % (arithmet.)
1	777	770	140,67	88,71	746	58,57
2	777	7	0,90	1,37	564	-34,31
10	777	537	69,11	32,34	661	113,70
11	777	59	7,59	2,77	512	174,01
60	777	215	27,67	65,64	661	-57,85
603	777	88	11,33	6,27	8	80,70

Wenn die Geb.-Nr. 603 geprüft würde, wären die einzelnen Fälle anzusehen, weil nur 8 Kollegen diese Leistung ebenfalls erbringen.

Bei einer Gesamtfallzahl von 777, kann die Nr. 1 - Beratung maximal 777 mal angesetzt werden. Hier haben 770 persönliche Arzt-Patient-Kontakte stattgefunden.

Abbildung 3: Muster einer Häufigkeits- oder Frequenztabelle

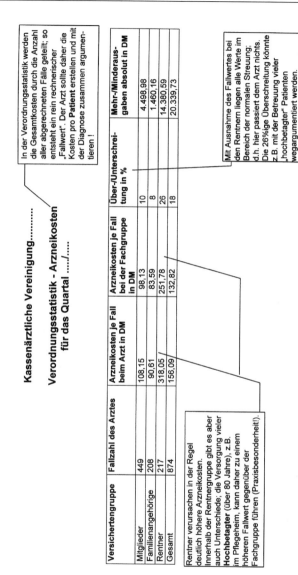

In der Verordnungsstatistik werden die Gesamtkosten durch die Anzahl aller abgerechneten Fälle geteilt; so entsteht ein rein rechnerischer „Fallwert". Der Arzt sollte daher die Kosten pro **Patient** erstellen und mit der Diagnose zusammen argumentieren!

Kassenärztliche Vereinigung...........

Verordnungsstatistik - Arzneikosten
für das Quartal ...../.....

Versichertengruppe	Fallzahl des Arztes	Arzneikosten je Fall beim Arzt in DM	Arzneikosten je Fall bei der Fachgruppe in DM	Über-/Unterschreitung in %	Mehr-/Minderausgaben absolut in DM
Mitglieder	449	108,15	98,13	10	4.498,98
Familienangehörige	208	90,61	83,59	8	1.460,16
Rentner	217	318,05	251,78	26	14.380,59
Gesamt	874	156,09	132,82	18	20.339,73

Rentner verursachen in der Regel deutlich höhere Arzneikosten. Innerhalb der Rentnergruppe gibt es aber auch Unterschiede; die Versorgung vieler **Hochbetagter** (über 80 Jahre), z.B. im Pflegeheim, kann daher zu einem höheren Fallwert gegenüber der Fachgruppe führen (Praxisbesonderheit!).

Mit Ausnahme des Fallwertes bei den Rentnern liegen alle Werte im Bereich der normalen Streuung; d.h. hier passiert dem Arzt nichts. Die 26%ige Überschreitung könnte z.B. mit der Betreuung vieler „hochbetagter" Patienten wegargumentiert werden.

Abbildung 4: Muster einer Verordnungsstatistik

Im Auswahlgespräch kann z.B. festgestellt werden, daß bereits bekannte oder offenkundige Praxisbesonderheiten die Überschreitungen rechtfertigen, so daß es erst gar nicht zu einem Prüfverfahren kommt; dieses Vorgehen ist sinnvoll und kostensparend, weil die Prüfmaschinerie nicht sofort in Gang gesetzt wird.

Der Prüfantrag

Eine Prüfung von Amts wegen – wie dies früher der Fall war – ist seit dem 01.01.1989 (Gesundheitsreformgesetz – GRG) nicht mehr möglich. Es muß vielmehr **immer** ein **Antrag** auf Einleitung eines Prüfverfahrens vorliegen (also auch dort, wo ein Auswahlgespräch stattfand). Das **Antragserfordernis entfällt** nur bei der **Richtgrößenprüfung** (siehe dort).

Antragsteller können sein (§ 106 Abs. 5 SGB V):

- eine einzelne Krankenkasse
- der (Landes-)Verband der Krankenkassen
- die Kassenärztliche Vereinigung.

Das Einreichen von Prüfanträgen ist eine Routineangelegenheit, daher brauchen Prüfanträge auch nicht unterschrieben zu sein (BSG Urteil vom 09.11.1982 – 6 RKa16/82).

Der Antrag soll möglichst genau bezeichnen, was beanstandet wird (Überschreitung bei Einzelleistungen oder Leistungsgruppen etc.) und kann die Prüfmaßnahme konkret benennen (Beratung, Kürzung oder Regreß in bestimmter Höhe).

Es gilt das Antragsprinzip, wonach die Prüfgremien bei einem inhaltlich bestimmten Antrag (z.B. Regreß in Höhe von 10%) an den Inhalt des Antrags gebunden sind, d.h. sie können nicht zu mehr „verurteilen" als beantragt wurde (wenn z.B. 10% beantragt sind, kann der Prüfungsausschuß nicht 20% Regreß aussprechen!).

Die Sitzung vor dem Prüfungsausschuß

Sobald der Antrag auf Prüfung der Behandlungs- oder Verordnungsweise bei der Geschäftsstelle des Prüfungsausschusses ist (bei der KV, aber **keine** Einrichtung der KV!), wird der „Fall" verwaltungsmäßig vorbereitet; d.h. alle Unterlagen und Statistiken sowie ggf. die zugehörigen Rezepte werden für die Sitzung zusammengestellt.

In einer Reihe von KVen gibt es eine Vorprüfung durch einen **Prüfarzt**. Sofern der prüfende Arzt nicht Mitglied des Prüfgremiums ist, darf er **keinen** Beschlußvorschlg machen, weil er praktisch als Gutachter für das Prüfgremium tätig wird. Ist er hingegen Mitglied des Prüfgremiums, fungiert er in der Vorprüfung als **ärztlicher Berichterstatter** des Entscheidungsgremiums und kann dann einen Beschlußvorschlag unterbreiten.

Der zu prüfende Arzt kann zwar nicht verlangen, daß ein Arzt seines Faches bei der Prüfung hinzugezogen wird (BSG Urteil vom 22.05.1984 – 6 RKa 21/82 und vom 08.05.1985 – 6 RKa 24/83), sind die Prüfgremien aber mit einer Behandlungsmethode nicht vertraut oder bedarf es der Klärung einer Sachfrage, sind (ärztliche) **Gutachter** beizuziehen (LSG Rheinl.-Pfalz Urteil vom 29.06.1990 – L 5 Ka 49/89).

Über den Prüfantrag muß in einer **Sitzung** des Prüfungsausschusses beraten und entschieden werden.

Ob der betroffene Arzt zu dieser Sitzung geladen wird, hängt von den Bestimmungen der (Landes-) Prüfvereinbarung ab.

A&W-Tip

Ein klagbarer Anspruch auf rechtliches Gehör vor dem Prüfungs-ausschuß (1. Instanz) besteht in der Regel nicht!

Dieser Anspruch ist nur gegeben, wenn er in der entsprechenden Prüfvereinbarung vorgesehen ist!

Andernfalls ist der geprüfte Arzt auch nicht rechtlos, weil er **spätestens** in der **2. Verwaltungsinstanz** vor dem **Beschwerdeausschuß** rechtlich gehört werden muß !

A&W-Tip

Wichtig ist aber, daß alle Argumente spätestens bis zum Abschluß des Verfahrens vor dem Beschwerdeausschuß vorgetragen werden!

Die Vergleichsgruppe

Im Rahmen der Wirtschaftlichkeitsprüfung stellt sich zunächst die Frage, mit welcher Minimalanzahl an Ärzten der zu prüfende Arzt verglichen werden muß, welche Fachgruppe hierfür grundsätzlich heranzuziehen ist und ob die Bildung einer engeren Vergleichsgruppe möglich oder sogar zwingend ist.

Bei der Auswahl der in die Vergleichsprüfung einbezogenen Ärzte kommt es darauf an, mit **wieviel Ärzten** der zu prüfende Arzt verglichen wird (**Minimalanzahl**).

Die Rechtsprechung hat sich nicht auf eine bestimmte Zahl fixiert:

- Umfaßt die Vergleichsgruppe lediglich zwei Fachkollegen, genügt eine statistische Prüfung nicht; hier müßte zwingend eine Einzelfallprüfung vorgenommen werden (LSG Saarland Urteil vom 06.12.1989 – L 2/1 Ka 10/86).
- Der Vergleich mit neun Fachkollegen ist hinreichend (BSG Urteil vom 27.11.1959 – 6 RKa 4/58).
- 20, 21 bzw. 27, 28 Fachkollegen genügen (LSG Rheinl.-Pfalz Urteil vom 16.05.1991 – L 5 Ka 13/89 bzw. vom 29.06.1990 – L 5 Ka 49/89).
- Zulässig ist auch ein Vergleich mit Ärzten aus dem **gesamten Bundesgebiet**, soweit die Behandlung nicht durch besondere Gegebenheiten im Bereich der einzelnen KV bestimmt wird (BSG Urteil vom 19.11.1985 – 6 RKa 13/84 und vom 01.10.1990 – 6 RKa 32/89).

Sofern keine engere Verleichsgruppe gebildet wird (siehe nachfolgend), wird der Arzt **grundsätzlich** mit den Ärzten seines **Fachgebietes** verglichen (BSG Beschlüsse vom 05.03.1981 – 6 BKa 16/80 und vom 19.07.1983 – 6 BKa 7/83 sowie BSG Urteil vom 22.05.1984 – 6 RKa 21/82).

Bei **Allgemein- und praktischen Ärzten** besteht kein Anspruch auf Bildung einer jeweils eigenen Vergleichsgruppe, d.h. diese Ärzte bilden zusammen **eine** Vergleichsgruppe (BSG Beschluß vom 20.09.1988 – 6 BKa 12/88).

Bei Ärzten in einer **Gemeinschaftspraxis** wird die Wirtschaftlichkeit der Behandlungs- und Verordnungsweise auf die Gemeinschaftspraxis als ganzes bezogen und nicht auf den einzelnen Arzt (BSG Urteil vom 19.08.1992 – 6 RKa 35/90).

Grundsätzlich hat der Arzt keinen klagbaren Anspruch darauf, mit einer **engeren Vergleichsgruppe** verglichen zu werden (BSG Urteil vom 15.04.1980 – 6 RKa 5/79).

Die Bildung einer engeren Vergleichsgruppe kann aber zweckmäßig sein, wenn sie eine hinreichend große Anzahl an Ärzten umfaßt, die sich durch eine wissenschaftlich anerkannte Behandlungsmethode in erheblicher Weise von Ärzten mit anderen Behandlungsarten unterscheidet. Dies ist z.b. bei Tätigkeiten der Fall, die sich im Bereich einer nach der Weiterbildungsordnung erworbenen **Teilgebiets- oder Zusatzbezeichnung** bewegen (BSG Urteil vom 15.04.1980 – 6 RKa 5/79 und vom 08.04.1992 – 6 RKa 34/90).

Die Bildung einer engeren Vergleichsgruppe bezogen auf die Gruppe der Rentner ist zulässig, aber nicht zwingend (BSG Urteil vom 27.01.1987 – 6 RKa 16/86).

Wenn das Prüfgremium eine engere Vergleichsgruppe heranzieht, genügen bereits **geringere Überschreitungswerte** für die Annahme eines offensichtlichen Mißverhältnisses und damit von Unwirtschaftlichkeit (BSG Urteil vom 22.05.1984 – 6 RKa 16/83).

Wenn eine Besonderheit der Praxis nicht zur Bildung einer engeren Vergleichsgruppe führt, ist dies ggf. als **Praxisbesonderheit** (siehe dort) anzuerkennen (BSG Urteil vom 15.04.1980 – 6 RKa 5/79).

Die Prüfungsarten

Die Auffälligkeitsprüfung

Im Rahmen der Auffälligkeitsprüfung nach § 106 Abs. 2 Nr. 1 SGB V werden ärztliche Leistungen und ärztlich verordnete Leistungen nach Durchschnittswerten oder bei Überschreitung vereinbarter Richtgrößen geprüft.

Die Prüfung nach Durchschnittswerten

Prüfungsgegenstand sind:

- ärztliche Leistungen nach dem EBM (BMÄ und E-GO)
- Arzneimittelverordnungen (einschl. Verbandmittel)
- Sprechstundenbedarf
- Heilmittelverordnungen
- Hilfsmittelverordnungen
- Überweisungshäufigkeit
- Krankenhauseinweisungen
- Feststellungen der Arbeitsunfähigkeit.

Bei der Prüfung ärztlicher Leistungen (**Honorar**) wird in der Regel auf **Leistungsgruppen** (z.B. Besuche, eingehende Untersuchungen, Sonderleistungen etc.) abgestellt (BSG Urteil vom 01.03.1979 – 6 RKa 4/78).

Der bloße Vergleich **einzelner** EBM-Positionen, bei denen eine Fachgruppenüberschreitung vorliegt, ist im Rahmen der Wirtschaftlichkeitsprüfung nicht ausreichend.

Beeinträchtigt würde bei einem solchen Vorgehen im besonderen Maße auch die Therapiefreiheit desjenigen Arztes, der eine besondere Leistungsart bevorzugt, während der Durchschnitt seiner Fachkollegen eine andere verwendet (so: BSG Urteil vom 31.07.1991 – 6 RKa 12/89).

Wenn der Arzt in seinem gesamten Leistungsspektrum unwirtschaftlich behandelt hat, darf das Prüfgremium auch im **Gesamtfallwert** kürzen (BSG Urteil vom 08.05.1985 – 6 RKa 24/83).

Ausgangspunkt und Rechtfertigung der Wirtschaftlichkeitsprüfung sind die **Mehrkosten pro Fall** und nicht die – freilich damit verbundene – relative Abrechnungshäufigkeit; daher müssen Prüfbescheide die **Fallkosten** und die Fallkostendifferenz ausweisen (BSG Urteil vom 31.07.1991 – 6 RKa 12/89).

Eine Prüfung der Wirtschaftlichkeit nach **Rentnerfallkosten** (Gesamtleistungen, Sonder- oder Laborleistungen für Rentner) ist zulässig (BSG Urteil vom 20.09.1988 – 6 RKa 22/87).

Bei der Prüfung von **Sprechstundenbedarf** sind die Fallwerte des Sprechstundenbedarfs **gesondert** zu prüfen (BSG Urteil vom 08.05.1985 – 6 RKa 4/84).

Die **Prüfungsmethode** richtet sich grundsätzlich nach der Höhe der Überschreitungswerte, es kann eine

- **Einzelfallprüfung**
- **Prüfung anhand beispielhafter Einzelfälle, oder**
- **rein statistische Vergleichsprüfung**

vorgenommen werden.

Dabei gibt es die Prüfung nach der **arithmetischen Methode** oder nach der Gaußschen Verteilung.

Die Rechtsprechung läßt grundsätzlich beide mathematischen Methoden zu (BSG Urteil vom 08.05.1985 – 6 RKa 24/83 und vom 22.05.1984 – 6 RKa 21/82).

Die Prüfgremien wählen im Rahmen ihres Ermessens die mathematische Prüfmethode frei aus (BSG Urteil vom 20.09.1988 – 6 RKa 22/87).

Der Arzt kann nicht verlangen, nach der arithmetischen oder der Gaußschen Methode geprüft zu werden (BSG Urteil vom 20.09.1988 – 6 RKa 22/87 und SG Mainz Urteil vom 29.07.1992 – S 1 b Ka 169/90).

Die Zulässigkeit des statistischen Vergleichs in der Wirtschaftlichkeitsprüfung beruht auf der Annahme, daß alle Ärzte innerhalb derselben Fachgruppe – und damit auch der geprüfte Arzt selbst – es im wesentlichen mit dem gleichen Spektrum an Krankheiten zu tun haben und im Durchschnitt daher die Behandlungs- und Verordnungskosten gleich sind (BSG Urteil vom 08.04.1992 – 6 RKa 34/90).

Relevant hinsichtlich der Prüfmethode sind drei **Überschreitungswerte:**

- bis ca. 20% über der Fachgruppe (= **allg. Streubreite**); hier erfolgt in aller Regel keine Prüfmaßnahme.
- ab 20 bis ca. 50% (**Übergangs- oder Proportionalzone**); hier muß anhand einer repräsentativen Anzahl an Beispielsfällen geprüft werden.
- ab ca. 50% (**offensichtliches Mißverhältnis**), d.h. rein statistischer Vergleich; (widerlegbare) Vermutung der Unwirtschaftlichkeit mit Umkehr der Beweislast zu Lasten des Arztes (d.h. der Arzt muß den vollen Gegenbeweis für seine Wirtschaftlichkeit führen, Zweifel gehen zu seinen Lasten).

Im Bereich der **Übergangszone** (20 bis ca. 50% arithmetische Überschreitung) müssen die Prüfgremien **mindestens 20% der abgerechneten Fälle und wenigstens 100 Fälle heranziehen,** damit von einer repräsentativen Fallprüfung gesprochen werden kann (BSG Urteil vom 08.04.1992 – 6 RKa 27/90).

Die Grenze zum **offensichtlichen Mißverhältnis** (ca. 50%) ist **keine starre Grenze!**

Das Bundessozialgericht hat einen Bereich von ca. **40 bis 60%** angenommen (BSG Urteil vom 20.09.1988 – 6 RKa 22/87).

Die Grenze von ca. 50% kann sowohl niedriger als auch höher angesetzt werden:

- niedriger, wenn der Arzt mit Kollegen einer engeren Vergleichsgruppe verglichen wird (BSG Urteil vom 22.05.1984 – 6 RKa 16/83),

- höher, wenn das Patientengut des geprüften Arztes inhomogener ist als bei anderen Fachärzten. Zum Beispiel weisen Allgemein- und praktische Ärzte ein breiteres Leistungsspektrum auf als andere Fachärzte (BSG Urteil vom 02.06.1987 – 6 RKa 23/86).

Nach Auffassung des BSG-Richters Dr. Baader soll der Grundsatz gelten:

Wortlaut

Je näher die Überschreitungzahl am normalen Streubereich liegt, desto größer muß der zusätzliche Beweiswert der konkreten Einzelbeispiele sein, um den Schluß auf die Unwirtschaftlichkeit zu ermöglichen.

Was die zu Grunde zu legende Fall-(Schein-)Zahl anbelangt, bei welcher noch ein statistischer Vergleich zulässig ist und eine Einzelfallprüfung noch nicht zwingend vorgeschrieben ist, kann von ca. 50 eingereichten Behandlungsausweisen ausgegangen werden (SG München Urteil vom 26.05.1987 – S 31 Ka 300/87).

A&W-Tip

Wenn das Prüfgremium ausgehend von einer Überschreitung im offensichtlichen Mißverhältnis (ab ca. 50%) eine Kürzung oder einen Regreß ausspricht, der so hoch ist, daß die Restüberschreitung (nach Kürzung/Regreß) in der Übergangszone liegt, so genügt die rein statistische Betrachtung nicht; hier muß vielmehr (nachträglich) die repräsentative Einzelfallprüfung durchgeführt werden, sonst ist der Prüfbescheid fehlerhaft.

Die Unzulässigkeit der Prüfung nach Durchschnittswerten

Soweit ärztlich verordnete Leistungen (= Arznei-, Verband- und Heilmittel) nach Richtgrößen geprüft werden, darf ein Verfahren nach Durchschnittswerten nicht durchgeführt werden (§ 106 Abs. 2 Satz 5 SGB V).

Die Richtgrößenprüfung bei Arznei- und Heilmitteln

Prüfungsgegenstand sind nur:

- Arzneimittelverordnungen (einschl. Verbandmittel)
- Heilmittelverordnungen

Das Gesetz (§ 84 SGB V) sah vor, daß für das Jahr 1993 Richtgrößen zwischen den Spitzenverbänden der Krankenkassen und der Kassenärztlichen Bundesvereinigung frei abgeschlossen werden konnten, sofern hiermit eine Steigerung der Ausgaben – außer in den gesetzlich erlaubten Fällen der Budgetanpassung – unterblieben wäre. Von dieser Möglichkeit wurde kein Gebrauch gemacht.

Wenn für 1993 und 1994 arztgruppenspezifische Richtgrößen auf Landesebene vereinbart worden wären, hätten die Verordnungsbudgets ab 01.01.1994 ausgesetzt werden können.

Auch hiervon wurde kein Gebrauch gemacht, so daß es für 1993 und 1994 bei den Verordnungsbudgets blieb und grundsätzlich nach Durchschnittswerten und nicht wegen Richtgrößenüberschreitung geprüft wurde.

Im Jahre 1994 wurde rückwirkend zum 01.01.1994 in Bayern eine Richtgrößenvereinbarung getroffen, die dieses Etikett so nicht verdient, weil sie die gesetzlichen Vorgaben für eine Richtgrößenvereinbarung nicht voll erfüllt. So wäre nach Richtgrößen nur geprüft worden, wenn das Globalbudget in Bayern überschritten worden wäre. Als „Prüfmaßnahme" kam lediglich eine Beratung des betroffenen Arztes in Betracht.

Wenn ab 1995 Richtgrößen vereinbart worden wären, hätten diese landeseinheitlich gegolten; sie wären arztgruppenspezifisch und bezögen sich auf Indikationsgebiete oder Stoffgruppen. Hierdurch sollte das Volumen der je Arzt verordneten Leistungen begrenzt werden.

Vereinbarungen über Richtgrößen treffen die Landesverbände der Krankenkassen und die Verbände der Ersatzkassen mit den Kassenärztlichen Vereinigungen auf Landesebene. Seit 1995 kann von den **gesetzlich fixierten Überschreitungswerten** abgewichen werden (§ 84 Abs. 3, § 106 Abs. 5a SGB V); dies sind:

- **mehr als 15%** über der Richtgröße: Prüfung ohne Antrag möglich.
- **mehr als 25%** über der Richtgröße: Erstattung des vollen Überschreitungsbetrages, sofern keine Praxisbesonderheiten vorliegen.

Wenn hiervon abweichende Richtgrößen vereinbart werden, ist allerdings der Grundsatz der **Beitragssatzstabilität** zwingend zu beachten (§ 71 Abs. 1 SGB V).

Ab 1.1.2000 gelten infolge des Gesundheitsstrukturgesetzes niedrigere Werte, nämlich 5% statt 15% und 15% statt 25%. Ab 1.1.2002 gelten wieder die „alten" Werte (15 und 25%), sofern die jeweiligen Richtgrößenvereinbarungen keine anderen Werte vorsehen.

Richtgrößenprüfung bei Arznei- und Heilmitteln

Dieser Abschnitt soll einen Einblick in die aktuelle Funktionsweise der **Richtgrößen**prüfung im **Verordnungssektor** geben und hierdurch vor allem Möglichkeiten eröffnen, Verordnungsregresse zu vermeiden.

Die Kassenärztlichen Vereinigungen sind nunmehr verpflichtet, gesetzliche Vorgaben und Kontrollen wie im Honorarbereich, so auch im Verordnungsbereich bei den Arzneimitteln und Verbandmitteln sowie Heilmitteln umzusetzen.

Unabhängig von der zum 1. Januar 2002 beschlossenen **Abschaffung des Arzneimittelbudgets** und damit des sogenannten **Kollektivregresses** muß sich jeder Niedergelassene mit den Richtgrößen und den ggf. durch sie drohenden Prüfungen und Regressen auseinandersetzen. Denn spätestens ab diesem Zeitpunkt endet die „Schutzwirkung" des Arzneimittelbudgets, welches in einigen KVen eingehalten oder sogar unterschritten werden konnte. Dann treten individuelle Richtgrößenprüfungen wieder mehr in den Vordergrund.

Die Richtgrößenwerte für Arzneimittel und Verbandmittel einerseits sowie für Heilmittel andererseits sind letztendlich nichts anderes als auf den einzelnen Arzt heruntergerechnete **Verordnungsdurchschnitte** seiner **Fachgruppe.** Dabei werden diese Werte getrennt ermittelt für Mitglieder/Familienangehörige (**M/F**) sowie Rentner (**R**).

In den Richtgrößenwerten sind je nach Prüf-/Richtgrößenvereinbarung enthalten bzw. **nicht** enthalten bei den Arzneimitteln und Verbandmitteln der **Sprechstundenbedarf** einschließlich der **Impfstoffe** sowie bei den Heilmitteln die **Logopädie** und **Ergotherapie.**

Die Richtgrößen sind (**Brutto-**)DM/Euro-Beträge, die die **Zuzahlungen** der Patienten und den **Apothekenrabatt** für die Kassen zunächst noch enthalten.

Bei der Festsetzung eines eventuellen **Regresses** werden beide Summen später herausgerechnet (**Nettoprinzip**).

Hinweis: Unabhängig von den möglicherweise in einer KV unterbliebenen Richtgrößenprüfungen in 1999 und 2000 kann die Wirtschaftlichkeit der Verordnungsweise arztindividuell nach Durchschnittswerten (**Auffälligkeitsprüfung**) geprüft und ein Regreß ausgesprochen werden.

Für die Richtgrößenprüfung wird das zulässige **Gesamt**verordnungsvolumen arztindividuell auf Grund der tatsächlichen Fallzahlen für Mitglieder/Familienangehörige sowie Rentner der Praxis ermittelt.

Es trifft also nicht zu, daß dem Arzt im **Einzelfall** nur der Richtgrößenwert seiner Fachgruppe in DM/Euro zusteht. Die Richtgrößen stellen vielmehr zunächst reine Berechnungsparameter zur Ermittlung der Arznei- bzw. Heilmittel-Richtgrößengesamtsumme dar.

Beispiel für eine allgemeinärztliche Praxis mit 650-M/F- und 350 R-Fällen:

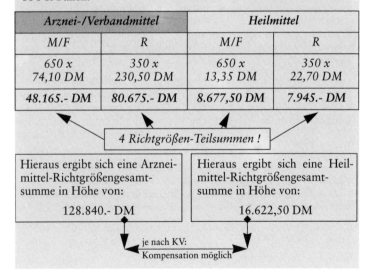

Arznei-/Verbandmittel		Heilmittel	
M/F	*R*	*M/F*	*R*
650 x *74,10 DM*	*350 x* *230,50 DM*	*650 x* *13,35 DM*	*350 x* *22,70 DM*
48.165.- DM	**80.675.- DM**	**8.677,50 DM**	**7.945.- DM**

4 Richtgrößen-Teilsummen !

Hieraus ergibt sich eine Arznei-mittel-Richtgrößengesamt-summe in Höhe von:	Hieraus ergibt sich eine Heil-mittel-Richtgrößengesamt-summe in Höhe von:
128.840.- DM	16.622,50 DM

je nach KV:
Kompensation möglich

Ab wann wird es kritisch ?

Überschreitet eine Praxis ihre Richtgrößengesamtsumme, so kommen je nach Umfang der Überschreitung unterschiedliche Prüfmethoden und Prüfmaßnahmen in Betracht:

Verord- nung von...	Arznei- und Verbandmitteln	Heilmitteln	Maßnahme
Überschrei- tung	unter 5%/15%	unter 5%/ 15%	keine Maßnahme
	mehr als 5%/ 15%	mehr als 5%/15 %	Prüfung von Amts wegen
	mehr als 15 %/ 25%	mehr als 15%/25%	Regreß, sofern keine Praxisbeson- derheiten vorliegen

Die einzelnen Grenzwerte variieren je nach Verordnungsjahr:
- bis 31.12.1999: 15% und 25%
- ab 01.01.2000: 5% und 15%
- ab 01.01.2002: 15% und 25%

Für den Arznei-/Verbandmittelsektor gilt (ähnlich bei Heilmitteln, dort aber ggf. andere Werte):

- Überschreitungen bis 5%/15% (= **allgemeine Streubreite**) sind unbeachtlich, es folgt **keine** Prüfmaßnahme
- Überschreitungen von 5%/15% bis 15%/25% (= **Übergangs- oder Proportionalzone**): hier erfolgt ein Prüfverfahren, in dem der jeweiligen Praxis durch den Prüfungsausschuß die Unwirtschaftlichkeit anhand von **repräsentativen Einzelfällen** nachgewiesen werden muß. Es wird die ggf. vorliegende Unwirtschaftlichkeit ermittelt und ein Regreßbetrag festgesetzt.
- Überschreitungen ab 15%/25% (= **offensichtliches Mißverhältnis**): Hier erfolgt eine Berechnung des sogenannten „**Mehraufwandes**", d.h. der Überschreitung gegenüber der Richtgrößenobergrenze und es wird die **Beweislast** umgekehrt: Der Arzt muß nun nachweisen, daß diese Verordnungsüberschreitung wirtschaftlich ist. Nachweisbare **Praxisbesonderheiten** (siehe weiter unten) werden wie in bisherigen Wirtschaftlichkeitsprüfungen berücksichtigt und der Regreßbetrag/Mehraufwand nach entsprechendem Abzug festgesetzt.

29

- Wenn im Prüfverfahren ausgehend von Überschreitungen im offensichtlichen Mißverhältnis (also ab 15%/25%) ein **Regreß bis** in den Bereich der **Übergangszone** (also 5%/15% bis 15%/25%) hinein ausgesprochen werden soll, müßten die Prüfgremien – ggf. nachträglich – anhand von beispielhaften Einzelfällen die Unwirtschaftlichkeit belegen. In diesem Fall würde nämlich die Vermutungswirkung einer Unwirtschaftlichkeit zu Lasten des Arztes nicht mehr gelten.

Im obigen Beispiel sind für den Arzt somit folgende Grenzwerte maßgeblich:

Arznei-/Verbandmittel Kappungsgrenzen		Heilmittel Kappungsgrenzen	
plus 5%	135.282.- DM	plus 30%	21.609,25 DM
plus 15%	148.166.- DM	plus 40%	23.271,50 DM

Verordnet der Arzt so, daß er sein Arznei-/Verbandmittelvolumen von 135.282.- DM (= Richtgrößengesamtsumme für Arznei-/Verbandmittel zuzüglich 5%/15%) überschreitet, muß er mit einer **Prüfung von Amts** wegen rechnen.

Überschreitungen über 148.166.- DM (= Richtgrößengesamtsumme für Arznei-/Verbandmittel zuzüglich 15%) führen zu einem automatischen **Regreß**, sofern keine Praxisbesonderheiten nachgewiesen werden können.

Verordnet der Arzt im obigen Beispiel tatsächlich für 185.520.-DM und kann er keine Besonderheiten nachweisen, muß er mit einem Regreß in Höhe von 37.354.- DM rechnen!

Bleibt er bei den Heilmittelverordnungen unterhalb seiner Richtgrößengesamtsumme (im Beispiel: 16.622,50 DM), können bestehende Überschreitungen der Richtgrößengesamtsumme – je nach KV! – bei den Arznei-/Verbandmitteln (im Beispiel: 37.354.- DM) saldiert werden!

Ein **Ausgleich von Über- mit Unterschreitungen** im Arznei-/Verbandmittelbereich und bei den Heilmitteln ist in einigen KVen also **möglich!**

Praxisbesonderheiten

Sofern man oberhalb der praxisindividuellen Richtgrößengesamt-verordnungssumme verordnet, sind nur dann keine Prüfmaß-nahme zu befürchten, wenn Besonderheiten belegt werden können.

Zwei Dinge sind hier wichtig:

- Als Praxisbesonderheit wird nur berücksichtigt, was über dem jeweiligen Fachgruppendurchschnitt liegt. Hat eine hausärztliche Praxis durchschnittlich 15 insulinpflichtige Diabetiker, so ist erst der 16. und folgende insulinpflichtige Diabetiker eine Praxisbesonderheit.

- Liegen bei einem Patienten mehrere Praxisbesonderheiten vor, so müssen diese auch angeführt werden.

Um Praxisbesonderheiten möglichst einfach bei der Abrechnung geltend zu machen, können Ärzte in einigen KVen Kennziffern angeben. Damit ist es dann möglich, EDV-gestützt den Umfang der Praxisbesonderheiten eines Arztes oder Psychotherapeuten im Falle einer Richtgrößenprüfung sichtbar zu machen.

Beispiel (Hessen):

Praxisbesonderheit gemäß Anlage 4 zur Richtgrößenvereinbarung	Kennziffer je nach KV
Methadonsubstitution nach NUB-Richtlinien bei Opiatabhängigen	
Immunsuppressiva nach Organtransplantation	
Immunsuppressive Behandlung bei Kollagenosen, entzündlichen Nierenerkrankungen und Autoimmun-erkrankungen aus dem rheumatischen Formenkreis sowie entzündlichen Lungenerkrankungen	
Insulin-Therapie bei insulinpflichtigem Diabetes mellitus	
Substitution von Plasmafaktoren bei Faktormangel-krankheiten	

Praxisbesonderheit gemäß Anlage 4 zur Richtgrößenvereinbarung	Kennziffer je nach KV
Therapie mit Virustatika bei behandlungsbedürftigen HIV-Infektionen	
Orale und parenterale Chemotherapie bei Tumorpatienten einschließlich der für diese Indikationen zugelassenen Hormonanaloga und Zytokine	
Therapie des Morbus Gaucher mit Alglucerase/Imiglucerase	
Hormonelle Behandlung und in-vitro-Fertilisation bei Sterilität	
Interferon-Therapie bei schubförmig verlaufender Multipler Sklerose mit für diese Indikation zugelassenen Präparaten	
Interferon-Therapie bei Hepatitis B und Hepatitis C mit für diese Indikationen zugelassenen Präparaten	
Arzneimitteltherapie der Mukoviszidose	
Arzneimitteltherapie der Terminalen Niereninsuffizienz	
Substitutionsbehandlung Opiatabhängiger nach NUB-Richtlinien mit für die Substitution verordnungsfähigen Arzneimitteln einschließlich entsprechender Rezepturzubereitungen	
Wachstumshormon-Behandlung bei Kindern mit nachgewiesenem hypophysärem Minderwuchs	
Parenterale Chemotherapie bei Tumorpatienten als Rezepturzubereitung sowie parenterale Chemotherapie mit für diese Indikation zugelassenen Interferonen	

Praxisbesonderheit gemäß Anlage 4 zur Richtgrößenvereinbarung	Kennziffer je nach KV
Therapie behandlungsbedürftiger Begleiterkrankungen bei HIV-Infektionen	
Schmerztherapie für berechtigte Ärzte nach der Schmerztherapievereinbarung	
Medikamentöse Therapie des Glaukoms (Augentropfen mit den Wirkstoffen aus den Gruppen Carboanhydrasehemmer, Alpha-2-Sympaticomimetica, Prostaglandinantagonisten)	
Behandlung der Schizophrenie mit atypischen Neuroleptika	

Ärzte, bei denen Praxisbesonderheiten vorliegen, für die keine Kennziffer gilt, müssen diese Praxisbesonderheit nach wie vor als schriftliche Mitteilung gegenüber der KV anzeigen.

Darüber hinaus hat die Kassenärztliche Bundesvereinigung in einer Empfehlungsvereinbarung vom 21.02.2000 den Kassenärztlichen Vereinigungen der Länder anheim gestellt, weitere Praxisbesonderheiten aufzunehmen.

Nachfolgend geben wir Ihnen diese Vereinbarung (sog. Wirkstoffliste – Anlage 2) zur Kenntnis:

Anlage 2 zur Empfehlung der KBV
– Wirkstoffliste –
Arzneimittel zur Ausnahme von Richtgrößenregelungen
(vom 21.2.2000)

Wirkstoff	Konkretisierung
A	
4-Aminomethylbenzoesäure	
Aclarubicin	
ACTH	
Aldesleukin	
Alfentanyl	nur parenterale Anwendung
all-trans-Retinsäure	
Alpha-Dihydroergocryptin	
Alteplas	
Altretamin	
Aminoglutethimid	
Amsacrin	
Anastrozol	
Anistreplase	
Antithrombin	
Argipressin	nur parenterale Anwendung
Asparaginase	
Atovaquon	
Azathioprin	
B	
Bacillus Calmette-Guérin	nur als Instillagel
Baclofen	nur intrathekal

Bendamustin	
Benzatropin	
Bicalutamid	
Bienengift	
Biperiden	
Bleomycin	
Blutgerinnungsfaktor bei Hemmkörperhämophilie	
Blutgerinnungsfaktoren I, II, VII, VIII, IX, X, XIII	
Bornaprin	
Bromocriptin	
Budipin	
Buserelin	nur als Diagnostikum
Busulfan	
C	
Carbimazol	
Carboplatin	
Carmustin	
Chlorambucil	
Chlorotrianisen	
Ciclosporin	
Cidofovir	
Cisplatin	
Cladribin (Chlorodesoxyadenosin)	
Clodronsäure	

Corticorelin	nur als Diagnostikum
Cyclophosphamid	
Cytarabin	
D	
Dacarbazin	
Dactinomycin	
Dapson	
Daunorubicin	
Desfluran	
Desmopressin	nur parenterale Anwendung
Diazoxid	
Didanosin	
Dihydrotachysterol	
Docetaxel	
Doxorubicin	
E	
Enfluran	
Entecapon	
Epirubicin	
Estramustin	
Ethambutol	
Ethosuximid	
Etoposid	
F	
Felbamat	
Fenoterol	nur parenterale Anwendung

Fentanyl	nur parenterale Anwendung, Pflaster
Filgrastim (G-CSF)	
Fludarabin	
Fluorouracil	
Flutamid	
Formestan	
Foscarnet	
Fosfestrol	
Furosemid	nur ≥ 250 mg
G	
Gabapentin	
Ganciclovir	
Gemcitabin	
Gestonoron	
Glucagon	
Gonadorelin (LHRH)	nur nasale Anwendung bei Kindern
Goserelin	nur als Diagnostikum
H	
Hydrocortison	nur ≥ 500 mg
Hydroxycarbamid	
I	
Ibandronsäure	
Idarubicin	
Ifosfamid	

Immunglobuline, spezifische vom Menschen mit Antikörper gegen: -CMV -Hepatitis A -Hepatitis B -Masern -Rhesus (D) -Röteln -Tetanus -Tollwut -Varizellen	
Indinavir	
Insuline	alle außer Insulin Lispro
Isofluran	
Isoniazid	
K	
Kaliumbromid	nur ≥ 850 mg
L	
Lamivudin	
Lamotrigin	
Lenograstim	
Lepirudin	
Letrozol	
Leuporelin	nur als Diagnostikum
Levodopa	
Levodopa + Benserazid	
Levodopa plus Carbidopa	
Lisurid	
Lomustin	

Lymphozyten-Globuline	
Lypressin	nur nasale Anwendung
M	
Monoklonale Antikörper (Mab 17-1A)	
Medrogeston	nur ≥ 25 mg
Medroxyprogesteron	nur ≥ 100 mg
Megestrol	
Melphalan	
Mercaptopurin	
Mesuximid	
Methotrexat	
Methylprednisolon	nur ≥ 250 mg
Methylthiouracil	
Metixen	
Miltefosin	
Mitomycin	
Mitoxantron	
Molgramostim	
Morphin	
Muromonab-CD 3	
Mycophenolatmofetil	
N	
Nelfinavir	
Nevirapin	
Nimustin	

O	
Octreotid	
Ornipressin	nur parenterale Anwendung
Oxytocin plus Methylergometrin	
P	
Paclitaxel	
Pamidronsäure	
Pentamidin	
Pentostatin	
Pergolid	
Phenprocoumon	
Phenytoin	
Polyestradiol	
Pramipexol	
Prednisolon	nur ≥ 250 mg
Pridinol	
Primidon	
Procarbazin	
Propylthiouracil	
Protionamid	
Pyrazinamid	
Pyrimethamin	
R	
Remifentanil	nur parenterale Anwendung
Reteplase	
Rifabutin	

Rifampicin	
Riluzol	
Ritodrin	nur parenterale Anwendung
Ritonavir	
Ropinirol	
S	
Saquinavir	
Somatorelin	nur als Diagnostikum
Stavudin	
Streptokinase	
Sufentanil	nur parenterale Anwendung
Sultiam	
T	
Tacrolimus	nur orale/parenterale Anwendung
Tamoxifen	
Teniposid	
Terlipressin	nur parenterale Anwendung
Testolacton	
Thiamazol	
Thioguanin	
Thiotepa	
Thymoglobulin	
Tiagabin	
Tiaprid	
Tolcapon	
Torasemid	nur ≥ 200 mg

Toremifen	
Tranexamsäure	
Treosulfan	
Tretinoin	nur systemische Anwendung
Triamcinolon	nur ≥ 40 mg
Trihexyphenidyl	
Trimethadion	
Triptorelin	nur als Diagnostikum
Trofosfamid	
U	
Urokinase	
V	
Valproinsäure	
Vasopressin	nur parenterale Anwendung
Vigabatrin	
Vinblastin	
Vincristin	
Vindesin	
Vinorelbin	
W	
Warfarin	
Wespengift	
Z	
Zalcitabin	
Zidovudin	

Diese Liste wird laufend ergänzt!

Was ist zum Regreßschutz erforderlich?

Da die Richtgrößenregresse durchaus existenzbedrohend sein können, sind nachfolgende Punkte zur Vermeidung eines Regresses unbedingt zu beachten:

- Gute Dokumentation der Verordnungen bezüglich zugrunde liegender Diagnosen/Krankheitsbilder.

- Beachtung der sogenannten Mengenkomponente, d.h. auf die Nachverordnungsintervalle achten.

- Wenn möglich, über Praxis PC eine eigene Verordnungsstatistik führen.

- Therapeutischen Fortschritt berücksichtigen/umsetzen, aber teure „me too" Präparate vermeiden.

- Generica verordnen, wo dies ohne Qualitätsverlust möglich ist – auch hier aber die zum Teil großen Preisunterschiede beachten.

- Keine Kassenrezepte für Bagatellarzneimittel.

- Keine Wunschverordnungen.

- Strikte Beachtung der Negativliste.

- Strikte Beachtung der Arzneimittelrichtlinien.

- Hilfsmittel und Impfstoffe auf Kassenrezept entsprechend markieren, da sie nicht ins Budget gehören.

- Sorgfältige Verordnung von Heilmitteln.

- Verordnungen aus dem stationären Bereich (im allgemeinen hochpreisige Originalpräparate) nicht unkritisch übernehmen.

- Verordnungen anderer Fachrichtungen auf die erforderliche Weiter-/Nachverordnung hinterfragen.

- Unbedingt „besondere Krankheitsbilder", von den Richtgrößen ausgenommene Medikamente und besonders teure bzw. aufwendige Fälle vorsorglich (grüne Meldung) der KV melden.

Die Zufälligkeits-(Stichproben-)Prüfung

Gegenstand dieser Prüfung nach § 106 Abs. 2 Nr.2 SGB V sind:

ärztliche Leistungen nach dem EBM (BMÄ, E-GO)

- Arzneimittelverordnungen
- Heilmittelverordnungen
- Hilfsmittelverordnungen
- Überweisungsfälle
- Krankenhauseinweisungen
- Feststellungen der Arbeitsunfähigkeit

Prüfungsauswahl:

Je Quartal werden 2% der Ärzte von der Stichprobenprüfung erfaßt. Dabei ist es auch zulässig, daß die Anzahl der Ärzte in Höhe von 2% ausgelost wird (Zufallsgenerator).

Prüfungszeitraum:

Der Prüfungszeitraum beträgt mindestens ein Jahr, er kann auch länger sein, wenn die Prüfvereinbarung dies vorsieht (§ 106 Abs. 3 Satz 3 SGB V).

Erneute Prüfung:

Im Regelfall kann eine Stichprobenprüfung nicht vor Ablauf von zwei Jahren nach Einleitung der vorherigen Stichprobenprüfung stattfinden (§ 106 Abs. 2 SGB V); d.h. aber, daß in zu begründenden Ausnahmefällen eine Prüfung auch vor Ablauf der 2-Jahres-Frist möglich ist.

Prüfungsmethode:

Die Stichprobenprüfung kann unabhängig von der Überschreitung von Durchschnittswerten oder Richtgrößen erfolgen. Sie ist eine reine Einzelfallprüfung.

Die Stichprobenprüfung verfolgt Unwirtschaftlichkeiten, die nicht bei der Überschreitung der Durchschnittswerte oder der Richtgrößen auffallen. Es könnten z.B. Ärzte durch kollektiv abgestimmtes Verhalten von einem auf das nächste Quartal ihre Abrechnungsfrequenzen erhöhen und damit die Durchschnittswerte als Basis der Wirtschaftlichkeitsprüfung verbessern.

Weitere Prüfungsarten

§ 106 Abs. 2 Nr. 2 SGB V sieht die Möglichkeit vor, daß die Vertragspartner auf Landesebene in den Prüfvereinbarungen weitere Prüfarten vorsehen können, die über die vorgenannten hinausgehen.

Plausibilitätsprüfung

Seit dem 1. Quartal 1996 wurde hiervon vermehrt Gebrauch gemacht, indem sog. **Plausibilitätsprüfungen** durchgeführt werden. Nach einem Urteil des Bundessozialgerichts sind derartige Prüfungen auch dann zulässig, wenn sie nicht ausdrücklich in der jeweiligen Prüfvereinbarung genannt sind! Reichen nämlich die vereinbarten Prüfmethoden nicht aus oder ermöglichen sie nicht die Feststellung von „Unregelmäßigkeiten", dürfen Plausibilitätsprüfungen vorgenommen werden. Hierbei können die Prüfgremien auch **Tagesprofile** erstellen, mit deren Hilfe Inplausibilitäten dargestellt werden können.

Zwischenzeitlich hat die KBV eine Empfehlung für derartige Plausibilitäts-Prüfungen herausgegeben, die allerdings in Landes-KV-Recht umzusetzen sind!

Vertikal-(oder Eigen-)Vergleich

Das Bundessozialgericht hat in seinen Urteilen vom 30.11.1994 (6 RKa 13/93 und 14/93) ausgeführt, daß die Prüfgremien auch neue Prüfungsarten anwenden dürfen, sofern weder die gesetzlich noch die in der jeweiligen Prüfvereinbarung vorgesehenen Arten zur Durchführung einer zielgerechten Wirtschaftlichkeitsprüfung geeignet sind.

Wenn zum Beispiel eine ganze Arztgruppe geschlossen von einem auf das nächste Quartal ihre Abrechnungshäufigkeiten erhöhen würde, käme eine statistische Durchschnittsprüfung zu keinem brauchbaren Ergebnis, weil die neue (höhere) Basis nunmehr Ausgangspunkt für die Prüfung der Überschreitungswerte eines Arztes wäre. Hier gesteht das BSG den Prüfinstanzen die Methode des Eigenvergleiches (auch „Vertikalprüfung" genannt) zu; d.h. der Arzt wird in seinem Abrechnungsverhalten mit eigenen früheren Quartalen verglichen. Bei Abweichungen darf dann auf Unwirtschaftlichkeit geschlossen werden.

Ein Vertikalvergleich steht aber unter folgenden Bedingungen:

• Es müssen mindestens vier aufeinander folgende Vergleichsquartale im Durchschnitt herangezogen werden, die dem zu prüfenden Quartal vorangehen.

- Die Behandlungsstruktur und das Patientenklientel dürfen sich zwischen den vier Vorquartalen und dem Vergleichsquartal nicht wesentlich verändert haben.
- Das zu prüfende Quartal darf kein „Spitzenquartal" (sog. „Ausreißer") sein.
- Außerdem – dies hat das BSG zwar nicht expressis verbis entschieden – müssen die zu vergleichenden Abrechnungsnummern vergleichbar sein; d. h. ein Vertikalvergleich zum Beispiel der Quartale 1 bis 4/95 mit den Quartalen ab 1.1.1996 wäre nicht ohne weiteres zulässig, weil 1995 der EBM '87 und 1996 der EBM '96 mit zum Teil vollständig geänderten EBM-Positionen galt.

Weitere Zuständigkeiten

Die Prüfgremien sind auch für Regresse aufgrund der **Arzneimittel-Richtlinien** zuständig, weil diese Richtlinien kein striktes Verordnungsverbot aussprechen, sondern das Wirtschaftlichkeitsgebot inhaltlich konkretisieren sollen.

Deshalb ist auch nicht die Kassenärztliche Vereinigung im Wege der sachlich-rechnerischen Richtigstellung, sondern der Prüfungsausschuß zuständig (LSG Baden-Württemberg Urteil vom 08.05.1991 – L 1 Ka 2409/89; BSG Urteil vom 31.07.1991 – 6 RKa 20/90).

Die Prüfgremien sind auch zuständig für **Schadensersatzansprüche** gegenüber Ärzten, die fahrlässig oder vorsätzlich zu Unrecht **Arbeitsunfähigkeit** bescheinigt haben (§ 106 Abs. 3a SGB V).

Prüfungsmaßnahmen

Folgende Prüfmaßnahmen können in den zuvor genannten Verfahren ausgesprochen werden (§ 106 Abs. 3 und Abs. 5 SGB V):

- Als **Regelfall** gilt die **Beratung**, dies hat zur Folge, daß der Prüfungsausschuß zunächst an diese Maßahme zu denken hat. Weicht er hiervon ab, muß er dies im Prüfbescheid darlegen.
- Bei Überschreitungen im Honorarbereich kann eine **Kürzung** erfolgen. Die Kürzung kann bei wiederholter Unwirtschaftlichkeit auch pauschal sein.
- Im Verordnungssektor wird ein **Regreß** auferlegt.
- Sofern die Prüfvereinbarung dies vorsieht, können **weitere** Maßnahmen ergriffen werden.

Im Prüfbescheid finden Sie die Prüfmaßnahme im Tenor. Die Maßnahme muß – außer bei der Beratung – in der Höhe konkret beziffert oder zumindest bezifferbar sein.

Praxisbesonderheiten

In allen Fällen der Prüfung auf Wirtschaftlichkeit müssen begründete Abweichungen im Leistungsspektrum des geprüften Arztes als Praxisbesonderheiten berücksichtigt werden. Das bedeutet, daß in diesen Fällen gewisse Überschreitungen der Durchschnittswerte zugestanden werden müssen (LSG Rheinl.-Pfalz Urteil vom 16.05.1991 – L 5 Ka 13/90).

Dabei müssen die Prüfinstanzen **von Amts wegen** aufklären, ob und inwieweit offenkundig Praxisbesonderheiten vorliegen (BSG Urteil vom 22.05.1984 – 6 Rka 21/82 und vom 08.05.1985 – 6 RKa 4/84).

Den Arzt trifft eine besondere **Mitwirkungspflicht** im Prüfungsverfahren, die Praxisbesonderheiten vorzutragen, sofern sie nicht bereits bekannt sind (BSG Urteil vom 08.05.1985 – 6 RKa 24/83).

A&W-Tip

Praxisbesonderheiten ggf. bereits bei der Einreichung der Abrechnung melden!

Urteile, nach denen Praxisbesonderheiten anerkannt wurden

- Aknetherapie (SG München Urteil vom 15.04.1986 – S 31 Ka 380/84)
- Allergiker, hoher Anteil (BayLSG Urteil vom 16.08.1989 – L 12 Ka 140/88)
- Allgemeinarzt mit internistischem Schwerpunkt und großem Labor (BSG Urteil vom 22.05.1984 – 6 RKa 21/82).
- Allopathie (LSG Rheinl.-Pfalz Urteil vom 29.06.1990 – L 5 Ka 49/89)
- Ambulantes Operieren (SG Karlsruhe Urteil vom 25.10.1989 – S 8 Ka 2616/86)
- Apparative Ausstattung, sofern das Krankengut diese Ausstattung erfordert; also nicht das bloße Vorhandensein! (LSG NRW Urteil vom 12.12.1973 – L 1 Ka 47/72 und vom 25.03.1981 – L 11 Ka 5/80; LSG Niedersachsen Urteil vom 23.06.1980 – L 5 Ka 3/76).

- Besondere Behandlungsmethode (BSG Urteil vom 22.05.1984 – 6 RKa 21/82).
- Besondere Krankheiten, örtliches Auftreten (BSG Urteil vom 09.11.1982 – 6 RKa 16/82 und 23/82 sowie vom 19.11.1985 – 6 RKa 13/84).
- D-Arzt-Tätigkeit (BSG Urteil vom 08.05.1985 – 6 RKa 4/84).
- Ganzheitsmedizin (BSG Urteil vom 15.04.1980 – 6 RKa 5/79).
- Gemeinschaftspraxis, sofern kein ausschließlicher Vergleich mit Ärzten in Gemeinschaftspraxen angestellt wurde (BSG Urteil 26.03.1976 – 6 RKa 11/75).
- Geringe Fallzahlen bei Praxisbeginn (LSG NRW Urteil vom 24.11.1976 – L 1 Ka 35/76).
- Homöopathie (BSG Urteil vom 15.04.1990 – 6 RKa 5/79).
- Kardiologische Ausrichtung der Praxis (BSG Urteil vom 01.08.1975 – 6 RKa 2/74 und vom 01.10.1990 – 6 RKa 32/89).
- Kinderarzt: mehrfach behinderte Kinder, Kinder von außerhalb, Überweisungen ohne Zielauftrag sowie Ausbildung in der Bobath-Methode (BSG Urteil vom 19.11.1985 – 6 RKa 13/84).
- Naturheilverfahren (BSG Beschluß vom 25.02.1987 – 6 BKa 13/87).
- Neubeginn der Praxis, nicht länger als vier Quartale (BSG Urteil vom 26.04.1978 – 6 RKa 14/77 und vom 02.09.1987 – 6 RKa 8/87).
- Patientengut, besonderes (BSG Urteil vom 19.11.1985 – 6 RKa 13/ 84).
- Phlebografie (BSG Urteil vom 08.05.1985 – 6 RKa 4/84).
- Phlebologische Ausrichtung der Praxis (BSG Urteil vom 22.05.1984 – 6 RKa 16/83).
- Physikalisch-medizinische Leistungen bei Erbringung in der Praxis und Nichtverordnung an Dritte (BSG Urteil vom 08.05.1985 – 6 RKa 24/83).
- Rentneranteil, hoch (BSG Urteil vom 09.11.1982 – 6 RKa 16/82 und 23/82).
- Röntgen in der Praxis (LSG NRW Urteil vom 24.11.1976 – L 1 Ka 35/76).
- Überweisungen an den geprüften Arzt (BSG Urteil vom 09.11.1982 – 6 RKa 16/82 und 23/82).
- Untypische Leistungen für den Praxisort (BSG Urteil vom 22.05.1984 – 6 RKa 21/82).
- Urlaubszeiten, keine z.B. wegen Tätigkeit in einer Gemeinschaftspraxis (BSG Urteil vom 26.03.1976 – 6 RKa 11/75, SG Hannover Urteil vom 05.01.1991 – S 10 Ka 377/89).
- Zusatzbezeichnung, Tätigkeit im Bereich der (BSG Urteil vom 22.05.1984 – 6 RKa 21/82; LSG Rheinl.-Pfalz Urteil vom

29.06.1990 – L 5 Ka 49/89). Hier wäre auch die Bildung einer engeren Vergleichsgruppe möglich.

Urteile, nach denen Praxisbesonderheiten abgelehnt wurden

- Ausländeranteil hoch (BSG Urteil vom 10.05.2000 – B 6 KA 25/99 R), SG Frankfurt – S 27/5 KA 1159/97, Hessisches LSG – L 5 KA 458/98 u.a. – B 6 KA 25/99 R)
- Besondere Kenntnisse des Arztes per se (abgelehnt mit BSG Urteil vom 22.04.1983 – 6 RKa 14/80 und vom 18.05.1983 – 6 RKa 18/80).
- Besonders schwere Fälle, wenn vom Arzt nachgewiesen (abgelehnt mit BSG Urteil vom 09.11.1982 – 6 RKa 16/82 und 23/82).
- H-Arzt-Tätigkeit (abgelehnt: LSG Celle Urteil vom 05.12.1973 – L 5 Ka 8/70).
- Landarztpraxis (BSG Urteil vom 06.09.2000 – B 6 KA 24/99 R)
- Schwerbehinderung des geprüften Arztes (abgelehnt: LSG Rheinl.-Pfalz Urteil 16.05.1991 – L 5 Ka 13/90).
- Sportverein, Tätigkeit im Sportverein per se (abgelehnt: SG Mainz Urteil vom 29.07.1992 – S 1b Ka 169/90).
- Vertretung wegen Urlaub oder Krankheit (abgelehnt: SG Mainz Urteil vom 29.07.1992 – S 1b Ka 169/90).

Wenn zu viele „Praxisbesonderheiten" vorgetragen werden, entspricht die Praxis in der Regel wieder dem Durchschnitt, weil hier kein Schwerpunkt und damit keine Besonderheit gegenüber anderen Praxen besteht (LSG Celle Urteil vom 05.12.1973 – L 5 Ka 8/70).

A&W-Tip

Prüfen Sie zuerst, wo im Honorar- bzw. Verordnungssektor die größten Volumina bei der Überschreitung der Vergleichswerte der Fachgruppe liegen; diese müssen mit Praxisbesonderheiten gerechtfertigt werden.

(Auch hohe) Überschreitungen mit geringem (Geld-)Volumen können Sie dann getrost beiseite lassen!

Dokumentationsblatt

über kostenintensive Behandlungs- bzw. Verordnungsmaßnahmen

Daten des Patienten:

Name   Vorname

☐   Mitglied   ☐   Familienversichert   ☐   Rentner

Krankenkasse   **Geburtsdatum**

Diagnose(n):

Kurze Begründung über Notwendigkeit und Umfang von Behandlung/Verordnung:

Abbildung 5:   Muster-Dokumentation über Behandlung/Verordnung

Als äußerst hilfreich bei der Argumentation von Praxisbesonderheiten hat es sich erwiesen, wenn man besondere Fälle mit Hilfe eines Dokumentationsblattes festhält, welches man den Prüfgremien vorlegen kann. Sie können ein solches Blatt auf der gegenüberliegenden Seite sehen.

Kompensation von Mehr- mit Minderaufwand

Der Anschein der Unwirtschaftlichkeit kann auch widerlegt werden, wenn der Arzt den vollen Nachweis darüber führt, daß der Mehraufwand in einem Sektor ursächlich zu Kosteneinsparungen in einem anderen Bereich geführt hat.

Das Fehlen dieses Nachweises geht allerdings zu Lasten des Arztes (BSG Urteil vom 08.05.1985 – 6 RKa 4/84 und 24/83 sowie vom 15.04.1986 – 6 RKa 38/84 und vom 08.04.1992 – 6 RKa 34/90).

Hier wurden z.B. folgende **Fälle** entschieden:

- Feststellung der Arbeitsunfähigkeit kompensiert mit höheren Arzneikosten (BSGE 17, 79; 87).
- AU-Schreibungen durch einen Kinderarzt sind grundsätzlich nicht möglich; steht ein Jugendlicher aber in einem Arbeitsverhältnis, sind AU möglich und damit entsprechende Kompensationen (BayLSG Urteil vom 16.08.1989 – L 12 Ka 140/88).
- Arzneiverordnungen und Injektionen:
  Es ist nicht unwahrscheinlich, wenn ein Ursachenzusammenhang zwischen einem Mehr an Injektionen und einem Weniger an Arzneiverordnungen hergestellt wird (BSG Urteil vom 22.05.1984 – 6 RKa 21/82 und vom 20.09.1988 – 6 RKa 22/87).
- Arzneiverordnungen und Krankenhauseinweisungen (BSGE 17,79; 87).
- Krankenhauseinweisungen und Besuche/Wegegelder (BSG Urteil vom 09.11.1982 – 6 RKa 23/82 und vom 15.04.1986 – 6 RKa 38/84).
- Sprechstundenbedarf und Einzelverordnung (BSG Urteil vom 08.05.1985 – 6 RKa 4/84).

Gesamttätigkeit des Arztes

Die Prüfinstanzen sind verpflichtet, die Wirtschaftlichkeitsprüfung auf die **gesamte** Behandlungs- und Verordnungstätigkeit zu beziehen.

Dabei ist auf die jeweiligen Fallkosten abzustellen und nicht bloß auf die Abrechnungshäufigkeiten (BSG Urteil vom 22.04.1984 – 6 RKa 21/82 und vom 31.07.1991 – 6 RKa 12/89).

Schätzung des unwirtschaftlichen Mehraufwandes

Wenn eine genauere Bezifferung des unwirtschaftlichen Mehraufwandes, von Praxisbesonderheiten und/oder kompensationsfähigen Einsparungen (Mehr-/Minderaufwand) nicht möglich ist oder mit unverhältnismäßigem Aufwand verbunden wäre, ist eine Schätzung zulässig (BSG Urteil vom 22.05.1984 – 6 RKa 16/83, vom 08.05.1985 – 6 RKa 4/84 und vom 01.10.1990 – 6 RKa 32/89).

Die wesentlichen Erwägungen zur Höhe der Schätzung müssen im Prüfbescheid wiedergegeben werden (BSG Urteil vom 22.05.1984 – 6 RKa 21/82).

Die Methode der Schätzung an sich ist verfassungskonform (BVerfG Beschluß vom 29.05.1978 – 1 BvR 951/77).

Hochrechnung

Eine beispielhafte Einzelfallprüfung mit Hochrechnung des unwirtschaftlichen Mehrbetrages ist zulässig, wenn sie sich auf ein ständig wiederkehrendes unwirtschaftliches Verhalten des Arztes bezieht und mindestens 20% der abgerechneten Fälle, wenigstens 100 Fälle, erfaßt. Dann kann hieraus auf alle Fälle hochgerechnet werden. Der so ermittelte Gesamtbetrag darf aber nicht als Kürzungsbetrag ausgewiesen werden, vielmehr ist ein „Sicherheitsabschlag" von 25% des als unwirtschaftlich ermittelten Gesamtbetrages vorzunehmen (BSG Urteil vom 08.04.1992 – 6 RKa 27/90).

Restüberschreitung

Verbleiben dem geprüften Arzt nach Kürzung bzw. Regreß noch Überschreitungswerte im Bereich des offensichtlichen Mißverhältnisses (ab ca. 50% gegenüber der Fachgruppe), ist festgestellten Praxisbesonderheiten u. U. genügend Rechnung getragen (BSG Beschluß vom 25.02.1987 – 6 BKa 13/87, LSG Rheinl,–Pfalz Urteil vom 13.07.1989 – L 5 Ka 33/88).

Nicht ausreichend wäre es aber, wenn das Prüfgremium ohne weitere Darlegungen zum Umfang ausführt, die bekannten Praxisbesonderheiten seien (pauschal) mit der verbleibenden Restüberschreitung ausreichend berücksichtigt (BSG Urteil vom 19.11.1985 – 6 RKa 13/84).

Begründung des Prüfbescheides

Der Prüfbescheid ist gemäß § 35 SGB X (s. Anhang) zu begründen. Er muß nachvollziehbare Aussagen zum Umfang (Höhe) der Unwirtschaftlichkeit, zu Praxisbesonderheiten und ihren Auswirkungen sowie zu kausalen Einsparungen enthalten, damit (z.B. im Sozialgerichtsverfahren) festgestellt werden kann, ob ein ausreichend ermittelter und für die Beweisführung geeigneter Sachverhalt zugrunde liegt (BSG Urteil vom 22.05.1984 – 6 RKa 21/82, vom 08.05.1985 – 6 RKa 4/84, vom 01.10.1990 – 6 RKa 32/89, vom 31.07.1991 – 6 RKa 12/89 und vom 08.04.1992 – 6 RKa 34/90).

Erfahrungsgemäß leiden sehr viele der Prüfbescheide an diesem Begründungsmangel; insbesondere auch deshalb, weil das Prüfgeschäft ein Massengeschäft ist.

Aus diesem Grunde arbeiten viele Prüfgremien mit Standard-Textbausteinen, die aber inhaltlich nicht die Anforderungen der Rechtsprechung erfüllen, weil hierin lediglich in mehr oder minder klaren Worten Teil-Aussagen der Rechtsprechung wiederholt werden. Nötig ist aber ein Entscheid, der auf die **individuellen** Verhältnisse des einzelnen Prüffalles abstellt.

Läßt sich das von den Prüfgremien gefundene Ergebnis nicht ausreichend nachvollziehen, erweisen sich die Prüfbescheide schon wegen **Begründungsmangels** als **rechtswidrig** und sind daher aufzuheben (SG Stuttgart Urteil vom 25.03.1992 – S 15 Ka 3065/90).

Ausfertigung des Prüfbescheides

Aus einem Beschluß des gemeinsamen Senates der obersten Gerichtshöfe des Bundes (vom 27.04.1993 – GmS-OGB 1/92) ergibt sich, daß zwischen der Sitzung der Prüfgremien und der schriftlichen Abfassung des Prüfbescheides **maximal fünf Monate** liegen dürfen.

Kürzung und Regreß

Eine Kürzung oder ein Regreß unter die Grenze des offensichtlichen Mißverhältnisses (ca. 50% gegenüber der Fachgruppe bzw. 15%/25%) bedarf einer ausdrücklichen Begründung; denn für den Teil der Kürzung/Regreß, der unter den genannten Grenzwert reicht, gilt der Anscheinsbeweis für die Unwirtschaftlichkeit gerade nicht (BSG Urteil vom 03.06.1987 – 6 RKa 24/86 und SG Stuttgart Urteil vom 25.03.1992 – S 15 Ka 3065/90).

Eine generelle Kürzung/Regreß durchwegs auf 30% über dem Fachgruppendurchschnitt ist nicht nachvollziehbar und daher willkürlich (LSG Rheinl.-Pfalz Urteil vom 16.05.1991 – L 5 13/90).

Zulässig ist hingegen eine pauschale Honorarkürzung, wenn dies die Prüfvereinbarung vorsieht, für den Fall wiederholt festgestellter Unwirtschaftlichkeit (§ 106 Abs. 3 Satz 7 SGB V – siehe Anhang).

A&W-Tip

Bei Regressen wegen Überschreitung der Verordnungskosten ist unbedingt darauf zu achten, daß bei der Ermittlung der Überschreitungsbeträge der (derzeit 5prozentige) **Apothekenrabatt** sowie die **Zuzahlungen** der Patienten abgezogen werden. Nach einem Urteil des Bundessozialgerichts vom 29.01.1997 (6 RKa 5/96) ist den Krankenkassen nämlich insoweit kein „Schaden" entstanden. Ein Bescheid, der beide Faktoren nicht berücksichtigt, wäre daher rechtswidrig.

Widerspruch

Der Widerspruch ist der Rechtsbehelf gegen die Entscheidung des Prüfausschusses in der 1. Verwaltungsinstanz (§ 106 Abs. 5 SGB V).

Der Widerspruch ist **binnen eines Monats** (also nicht 4 Wochen!) nach **Zugang** des Prüfbescheides bei der im Prüfbescheid angegebenen Stelle einzulegen (§ 84 Abs. 1 SGG), d.h. er muß innerhalb dieser Frist dort eingegangen sein.

Der Bescheid ist **zugegangen**, wenn er dem Betroffenen

• in der Verhandlung ausgehändigt wird (praktisch nie der Fall), oder

- in seinen Geschäftsbereich gelangt (Einwurf in den Briefkasten des Empfängers, Zustellung mit Postzustellungsurkunde, mittels Einschreiben oder Einschreiben/Rückschein).

Nicht erforderlich ist hingegen, daß der Empfänger auch tatsächlich vom Inhalt des Schreibens **Kenntnis** nimmt oder genommen hat.

Wer kann Widerspruch einlegen ?

Widerspruch erheben können (§ 106 Abs. 5 SGB V):

- der betroffene Arzt oder die ärztlich geleitete Einrichtung,
- die (einzelne) Krankenkasse,
- der Landesverband der Krankenkassen,
- die zuständige Kassenärztliche Vereinigung.

Hieraus ergibt sich, daß der **Beginn für die Widerspuchsfrist** je nach dem Zeitpunkt des Zugangs des Prüfbescheides an die Beteiligten (Arzt, KV, Kassen) unterschiedlich ist. Damit ist das Ende der Widerspruchsfrist u.U. auch verschieden.

Für die Fristwahrung (1 Monat!) genügt die Einlegung des Widerspruchs wie folgt:

„Ich lege hiermit gegen den Bescheid des Prüfungsausschusses vom ...., betreffend das Quartal ..../...... Widerspruch ein. Begründung wird nachgereicht."

Die **Begründung** des Widerspruchs kann also auch **nach Ablauf** der (Einlegungs-)Frist eingereicht werden.

Einige Prüfvereinbarungen sehen eine (z.B. zweimonatige) Begründungsfrist vor. Einen Muster-Widerspruch finden Sie auf der gegenüberliegenden Seite.

Wenn die Begründung nicht folgt, ist die Widerspruchsinstanz zur Ablehnung des Widerspruches „mangels Begründung" erst befugt, wenn sie dem Widerspruchsführer unter Hinweis auf die Möglichkeit der Abweisung mangels Begründung, eine **Nachfrist** für die Begründung eingeräumt hat.

A&W-Tip

Den Widerspruch immer mit **Einschreiben/Rückschein** einlegen und den Rückschein aufheben; nur hiermit kann der fristgerechte Zugang des Widerspruches **bewiesen** werden.

Die Einlegung des Widerspruches ist auch per **Telefax** möglich. Die neueste Rechtsprechung hierzu besagt aber, daß das Sendeprotokoll **nicht** geeignet ist, den Zugang des Faxes zu beweisen. Hier könnte aber ein Rückruf bei der Geschäftsstelle des Prüfungsausschusses (= bei der KV) helfen oder ein Rückfax, mit welchem der fehlerfreie Zugang bestätigt wird.

Wirkung der Widerspruchseinlegung

Der Widerspruch gegen die Entscheidung des Prüfungsausschusses hat **aufschiebende Wirkung**, d.h. sein Inhalt kann nicht vollzogen werden (§ 106 Abs. 5 und 5a SGB V) (siehe Anhang S. 96 ff.).

Die aufschiebende Wirkung des Widerspruchs entfällt mit Klageeinlegung beim Sozialgericht wieder. Ab 01.01.2002 hat die Anfechtungsklage aber wieder aufschiebende Wirkung.

Abhilfebescheid

Die Prüfungsausschüsse entscheiden in aller Regel zunächst über den eingelegten Widerspruch, indem sie

- entweder in vollem Umfang abhelfen (§ 85 Abs. 1 SGG), oder
- teilweise abhelfen (dann bleibt der Widerspruchsführer rechtlich beschwert).

Nach einem Urteil des Bundessozialgerichts vom 21.04.1993 (14a RKa 11/92) hat der Prüfungsausschuß **nicht** das Recht zur Abhilfe (weil § 85 Abs. 1 SGG gemäß § 106 Abs. 5 SGB V nicht anwendbar ist); d.h. das Beschwerdeverfahren der Wirtschaftlichkeitsprüfung ist gegenüber dem allgemeinen Verwaltungsverfahren (wo die Abhilfe durch die 1. Verwaltungsinstanz möglich ist) eigenständig.

Diese Rechtsprechung des 14a-Senats ist aber nicht unbestritten; insbesondere BSG-Richter des 6.(=Kassenrechts-)Senats vertreten die Auffassung, das Abhilfeverfahren durch den Prüfungsausschuß sei möglich. In einigen Prüfvereinbarungen ist die Abhilfe durch den Prüfungsausschuß jedenfalls ausdrücklich vorgesehen.

Absender:

_____   den _____

Prüfungsausschuß der Ärzte &
Krankenkassen bei der KV

_____   **per Einschreiben/Rückschein**

_____

_____

Prüfbescheid vom _____

Sehr geehrte Damen und Herren,

gegen den Prüfbescheid vom _____, betreffend das/die Quartal(e)
_____ zugegangen am _____, erhebe(n) ich/wir hiermit

Widerspruch

und beantrage(n) die Aufhebung des Bescheides.

Begründung:

*   wird nachgereicht

*   siehe Beiblatt

Mit freundlichen Grüßen

_____
(Unterschrift des Arztes/der Ärzte)

Abbildung 6:   Muster-Widerspruch

Die Handhabung einiger KVen, der Arzt solle gegen den ablehnenden Abhilfebescheid des Prüfungsausschusses **erneut Widerspruch** einlegen, ist rechtswidrig.

Wenn dem Widerspruch nämlich nicht oder nicht im vollen Umfang abgeholfen wird, ist das Verfahren **automatisch** beim Beschwerdeausschuß anhängig; einer erneuten Widerspruchseinlegung bedarf es nicht.

Etwas anderes ist die Anfrage der Geschäftsstelle des Ausschusses (= bei der KV), ob der Widerspruchsführer mit dem Abhilfebescheid einverstanden ist und ob er das Verfahren weiter betreiben möchte; diese Frage ist zulässig. Wenn der Betroffene mit der Abhilfeentscheidung nicht einverstanden ist, geht die Angelegenheit weiter.

Zweiter Prüfungszug: Der Beschwerdeausschuß

Wird nicht oder nicht in vollem Umfang abgeholfen, entscheidet der **Beschwerdeausschuß** als 2. Verwaltungsinstanz über den Widerspruch in Form eines Widerspruchsbescheides. Dieser sieht im wesentlichen so aus wie der Prüfbescheid.

Der Beschwerdeausschuß muß ebenso wie der Prüfungsausschuß paritätisch besetzt sein. Wer im Verfahren vor dem Prüfungsausschuß mitentschieden hat, ist von der Beschlußfassung vor dem Beschwerdeausschuß ausgeschlossen. Wenn in der entscheidenden Sitzung Disparität zwischen Ärzte- und Kassenvertretern besteht, müssen sich die Ausschußmitglieder ggf. darauf einigen, wer auf die Teilnahme an der Sitzung verzichtet, damit wieder Entscheidungsparität hergestellt ist.

Der Beschwerdeausschuß entscheidet in eigener Zuständigkeit in vollem Umfang über den Widerspruch. Der betroffene Arzt kann bis zur letzten mündlichen Verhandlung vor dem Beschwerdeausschuß auch noch **neue** Tatsachen vortragen, die den Prüfbescheid zu Fall bringen können.

Unzulässigkeit der Verböserung

Nach dem Grundsatz der „reformatio in peius" (Verbot der Verböserung) darf der widersprechende Arzt dann im Verfahren vor dem Beschwerdeausschuß nicht schlechter gestellt werden als im Prüfbescheid, wenn er der einzige ist, der Widerspruch eingelegt hat. Das Verbot der Verböserung gilt allerdings dann nicht, wenn außer dem Arzt noch andere Beteiligte, z.B. KV und/oder Kasse(n), ebenfalls Widerspruch erhoben haben.

Es kommt darauf an, wann der Prüfbescheid in 1. Instanz den Beteiligten zugegangen ist, da ab Zugang die Einmonatsfrist für die Widerspruchseinlegung läuft. Um nicht zu provozieren, daß außer dem Arzt noch ein Dritter widerspricht, sollte der Arzt erst einige Tage vor Fristablauf Widerspruch einlegen; dann gilt mangels Widerspruchseinlegung Dritter das Verbot der Verböserung, d.h. der Arzt kann sicher sein, daß er infolge seines Widerspruchs nicht schlechter gestellt werden kann als im Prüfbescheid ausgewiesen.

Wenn z.B. im Prüfbescheid eine Kürzung in Höhe von 15% ausgesprochen wurde, könnte der Arzt – sofern nur er den Widerspruch einlegt! – durch den Beschwerdeausschuß nicht nachfolgend zum Beispiel zu 25% Kürzung „verurteilt" werden (dies würde dem Verbot der Verböserung = Verschlechterung widersprechen).

Erstattung von Kosten

Kosten, die zur zweckentsprechenden Rechtsverfolgung notwendigerweise entstanden sind, sind dem Arzt zu erstatten, soweit er im Widerspruchsverfahren vor dem Beschwerdeausschuß erfolgreich ist (z.B. Porto- und Telefonkosten).

Wenn die Zuziehung eines Rechtsanwaltes notwendig war, sind auch dessen Kosten (nach der BRAGO) zu erstatten. Dies gilt auch dann, wenn die Prüfvereinbarung die Kostenerstattung ausschließt. Ein solcher Passus wäre rechtswidrig (so: BSG Urteil vom 14.05.1997 6 RKa 10/96).

Der Beschwerdeausschuß muß eine Entscheidung über die Notwendigkeit der Zuziehung des Anwaltes treffen.

Gegen den Bescheid des Beschwerdeausschusses (sog. „Widerspruchsbescheid") kann der Widerspruchsführer Klage beim Sozialgericht einlegen.

A&W-Tip

Der Arzt und die anderen Widerspruchsführer können in jedem Stadium des Verwaltungsverfahrens den Widerspruch (auch nur teilweise) zurücknehmen!

Das Sozialgerichtsverfahren
Die Klage vor dem Sozialgericht (SG)

Sofern der Beschwerdeausschuß dem Widerspruch nicht oder nicht vollständig abhilft und den Erstbescheid des Prüfungsausschusses nicht aufhebt, bleibt der Widerspruchsführer rechtlich beschwert und kann Klage erheben (Rechtsmittel).

Vor dem Sozialgericht kann sich der Arzt selbst vertreten, d.h. er kann die Klage selbst einlegen und rechtsverbindliche Erklärungen abgeben, ohne daß er hierfür einen Rechtsanwalt benötigt (**kein Anwaltszwang vor dem SG**).

Die Klage ist binnen **eines Monats** (also nicht 4 Wochen!) ab Zugang des Widerspruchsbescheides bei dem im Bescheid angegebenen Sozialgericht einzulegen (§ 87 Abs. 1 SGG). Ein Klagemuster sehen Sie auf nachfolgender Seite.

Für die Fristwahrung genügt eine Klageeinlegung wie folgt:

„Ich lege hiermit gegen den Bescheid des Prüfungsausschusses vom........... in der Gestalt des Widerspruchsbescheides des Beschwerdeausschusses vom .... Klage ein. Begründung wird nachgereicht."

Die **Begründung** der Klage kann also auch noch **nach Ablauf** der einmonatigen Klage(Einlegungs-)Frist erfolgen. Gegegebenenfalls fordert das Gericht den Kläger zur Begründung auf und weist ihn darauf hin, daß im Falle des Fehlens der Begründung die Klage abgewiesen werden kann.

A&W-Tip

Klage mit **Einschreiben/Rückschein** einlegen und den Rückschein gut aufheben, weil nur hiermit der fristgerechte Zugang der Klage **bewiesen** werden kann.

Eine Klageeinreichung per **Telefax oder Telekopie** ist ebenfalls zulässig (Schreiben des Präsidenten des BSG vom 01.11.1991 – Az 620-1-II-391/91); hier gilt das oben Gesagte, d.h. der Sendebericht beweist nicht den Zugang des Telefaxes!

Absender:

_____   den _____

Sozialgericht

_____

_____   **per Einschreiben/Rückschein**

_____

Prüfbescheid vom _____

gegen den Prüfbescheid vom _____, betreffend das/die Quartal(e)
_____ zugegangen am _____, erhebe(n) ich/wir hiermit

Klage

und beantrage(n) die Aufhebung des Bescheides.

Begründung:

*   wird nachgereicht

*   siehe Beiblatt

Mit freundlichen Grüßen

_____
(Unterschrift des Arztes/der Ärzte)

Abbildung 7: Muster-Klage

Verwaltungsverfahrensbeteiligte sind gemäß § 12 SGB X (s. Anlage S. 99):

- Kläger (Arzt, KV, Kasse(n))
- Beklagter Beschwerdeausschuß
- Beigeladene, d.h. diejenigen, deren rechtliche Interessen durch den Ausgang des Verfahrens berührt werden.

Wirkung der Klage

Die Einlegung der Anfechtungsklage hat seit 1.1.2002 wieder **aufschiebende Wirkung**; d.h. der Prüfbescheid kann in seinem Inhalt nicht sofort vollzogen werden. Dies gilt auch dann, wenn gegen ein Urteil des Sozialgerichtes Berufung zum Landessozialgericht bzw. später Revision zum Bundessozialgericht eingelegt wird. Wenn bereits ein Regreß vollzogen wurde, hat der Widerspruch keine aufschiebende Wirkung!

Wenn der Vollzug des Bescheides zu einer konkreten **Existenzbedrohung** führen würde, kann der Arzt einen **Antrag auf Aussetzung der sofortigen Vollziehung** des Prüfbescheides stellen, wenn zudem die Wahrscheinlichkeit besteht, daß der Bescheid im Hauptverfahren aufgehoben wird (BSG Urteil vom 11.06.1989 – 6 RKa 4/85); dieser Fall dürfte allerdings eine Rarität sein.

Kosten

Für das SG-Verfahren gilt der Grundsatz der Kostenfreiheit seit 1.1.2002 **nicht** mehr! Für den Kläger entstehen also Gerichtskosten und Anwaltskosten, wenn er einen Rechtsanwalt einschaltet (§ 183 SGG, s. Anhang S. 118). Obsiegt der Kläger voll oder teilweise, erhält er die zu seiner Rechtsverfolgung notwendigen Kosten ganz oder teilweise erstattet. Die Umstellung der DM-Beträge auf den Euro erfolgte nach dem 4. Euro-Einführungsgesetz vom 21.12.2000.

Die Kassenärztliche Vereinigung hat als Körperschaft des öffentlichen Rechts Gerichtskosten zu entrichten. Diese betragen für Klagen, die bis zum 31.12.2001 eingegangen sind, nach der „Verordnung der Bundesregierung über die Höhe der von Körperschaften und Anstalten des öffentlichen Rechts gemäß § 184 SGG zu entrichtenden Gebühr" vom 31.3.1955 in der jeweils aktualisierten Fassung für jede Streitsache vor dem SG 100,– DM = 50,– €. Diese Gebühren

63

ermäßigen sich auf 50,– DM = 25,– € je Streitsache, wenn im Verfahren keine Gutachterkosten angefallen sind; dieser Betrag gilt auch bei Vergleich, Anerkenntnis, Klagerücknahme. Die Gerichtskosten für Klagen, die ab 1.1.2002 eingegangen sind, bemessen sich gemäß § 197a SGG in Verbindung mit dem Gerichtskostengesetz nach der Tabelle zu § 11 GKG (also keine Pauschbeträge mehr wie bislang!).

Hat ein Verfahrensbeteiligter, dessen Vertreter oder Bevollmächtigter durch Mutwillen, Verschleppung oder Irreführung dem Gericht oder einem Beteiligten Kosten verursacht, so können diese vom Gericht dem Beteiligten im Urteil ganz oder teilweise auferlegt werden (§ 192 SGG).

Die Berufung zum Landessozialgericht (LSG)

Gegen das erstinstanzliche Urteil des SG kann Berufung zum LSG eingelegt werden, wenn der streitige (ggf. Rest-)Kürzungs- oder Regreßbetrag **über 1.000,– DM = 500,– €** liegt.

Die Berufung ist auch statthaft, wenn das SG sie im Urteil zugelassen hat; sie ist zuzulassen, wenn die Rechtssache **grundsätzliche Bedeutung** hat oder wenn das SG-Urteil von einer Entscheidung eines LSG oder des BSG oder des Gemeinsamen Senats der Obersten Gerichtshöfe des Bundes abweicht **und** auf dieser Abweichung beruht (§ 150 SGG).

Gegen die **Nichtzulassung** der Berufung durch das SG kann **Beschwerde** beim LSG binnen eines Monats ab Zustellung des SG-Urteils eingelegt werden. Diese Beschwerde ist binnen eines Monats nach Zustellung des SG-Urteils zu **begründen.**

Hinsichtlich der Einlegungsfrist der Berufung (1 Monat), der Wirkung und der Kosten gilt das zum SG-Verfahren Gesagte. Auch vor dem LSG besteht **kein Anwaltszwang.** Der Ausgangsbetrag für die **Gerichtskosten** vor dem LSG (nur) für Körperschaften liegt bei 150,– DM = 75,– €.

Das Urteil eines LSG bindet die Verwaltung nur in dem betreffenden Bundesland. Dies hat zur Folge, daß ein anderes LSG in gleichgelagerten Fällen anders entscheiden kann!

Die Revision zum Bundessozialgericht (BSG)

Binnen eines Monats nach Zustellung des LSG-Urteils kann **Revision** zum BSG eingelegt werden, wenn sie im Urteil zugelassen wurde bzw. bei grundsätzlicher Bedeutung der Rechtssache. Sind Kläger und Beklagter einverstanden, kann ohne Einschaltung der LSG-Instanz sofort **Sprungrevision** eingelegt werden (grundsätzliche Bedeutung der Rechtssache).

Eine **Nichtzulassungsbeschwerde** kann beim BSG binnen eines Monats nach Zustellung des LSG-Urteils eingelegt werden; eine entsprechende Begründung muß binnen zwei Monaten (LSG: ein Monat!) abgegeben werden.

Das Urteil des BSG bindet im Gegensatz zu SG- bzw. LSG-Urteilen die Verwaltungen **aller** Länder der Bundesrepublik und damit auch die Prüfgremien!

Zum Schluß noch einmal ein **Überblick** über den Ablauf des **Verfahrens** in Sachen **Wirtschaftlichkeitsprüfung:**

Ablaufschema Wirtschaftlichkeitsprüfung

Auswahlgespräch	nicht in allen KVen!
Antrag der KV und/oder Kassen	Ab 5% bzw. 15% bei Richtgrößenprüfung *ohne* Antrag
(Antrag und) Statistiken gehen zum Prüfungsausschuß	
Geschäftsstelle des Ausschusses informiert Beteiligte (Arzt, KV, Kassen) über Antrag	
	Aufforderung und Möglichkeit der Stellungnahme zum Prüfantrag
Sitzung des Prüfungsauschusses Entscheidung	hier kein Recht, persönlich vor dem Prüfungsausschuß gehört zu werden
Prüfbescheid geht an Beteiligte	
	Widerspruch (Frist einhalten: 1 Monat ab Zustellung des Prüfbescheides)
In einigen KVM sog. Abhilfeverfahren, d.h. Prüfungsausschuß kann aufgrund des Widerspruchs neu entscheiden	
Beschwerdeausschuß ist zuständig; Akten gehen an Beschwerdeausschuß	
Geschäftsstelle informiert Beteiligte über Widerspruchseinlegung	
	Aufforderung und Möglichkeit der Stellungnahme
Beschwerdeausschuß entscheidet in Sitzung über den Widerspruch	Recht auf *persönliche* Anhörung in der Sitzung des Beschwerdeausschusses

Widerspruchsbescheid geht an Beteiligte	
	Klage zum Sozialgericht (Frist einhalten: 1 Monat ab Zustellung des Widerspruchsbescheides)

Anhang

- Empfehlung zur Budgetablösung durch Richtgrößen

Auszug der wichtigsten Bestimmungen aus:

- SGB V
- SGB X
- SGG

Empfehlung zu Richtgrößen

Präambel

(1) Die Kassenärztliche Bundesvereinigung

und

die Spitzenverbände der Krankenkassen

AOK-Bundesverband
Bundesverband der Betriebskrankenkassen
Bundesverband der Innungskrankenkassen
See-Krankenkasse
Bundesverband der landwirtschaftlichen Krankenkassen
Bundesknappschaft
Verband der Angestellten-Krankenkassen e.V.
AEV – Arbeiter-Ersatzkassen-Verband e.V.

empfehlen auf der Grundlage des Gesetzes zur Reform der gesetzlichen Krankenversicherung vom 22.12.1999 (GKV-Gesundheitsreform 2000) den Vertragspartnern auf der Landesebene, bei dem Abschluß von Vereinbarungen über die Prüfung der Wirtschaftlichkeit der vertragsärztlichen Versorgung mit Arzneimitteln und Heilmitteln anhand von Richtgrößen ab dem Jahr 2000 (§ 106 SGB V) die Strukturvorgaben dieser Empfehlung zu beachten.

(2) Insbesondere der hohe zeitliche und organisatorische Aufwand für die Datengewinnung und -zusammenführung bei den Krankenkassen, ihren Verbänden und den Kassenärztlichen Vereinigungen geben den Partnern dieser Empfehlung Anlaß, auf die Bedeutung einheitlicher Strukturvorgaben für die Umsetzbarkeit von Richtgrößenregelungen hinzuweisen.

1. Gesetzliche Vorgaben für Vertragsregelungen

(1) Nach § 84 Absatz 3 SGB V vereinbaren die Vertragspartner auf der Landesebene einheitliche arztgruppenspezifische Richtgrößen für das Volumen der je Arzt verordneten Arznei-, Verband- und Heilmittel zum Zwecke der Wirtschaftlichkeitsprüfung nach Richtgrößen nach § 106 Absatz 2 Satz 1 Nr. 1 SGB V. Die Richtgrößen können für Arznei- und Verbandmittel sowie für Heilmittel auch getrennt festgesetzt werden.

(2) Kommt eine Vereinbarung ganz oder teilweise nicht zustande, hat das Schiedsamt nach § 89 SGB V den Vertragsinhalt festzusetzen. Bestehende Regelungen gelten bis zum Inkrafttreten von Folgevereinbarungen oder Schiedsamtsentscheidungen (§ 84 Absatz 4 SGB V).

(3)[1] Eventuelle Ausgleichsverpflichtungen aus Überschreitungen der Arznei-, Verband- und Heilmittelbudgets werden verringert durch Regresse, die auf Grund von Prüfungen der Verordnungen von Arznei-, Verband- und Heilmittel – unabhängig von der Art der Prüfung – für den Budgetzeitraum festgesetzt (§ 84 Absatz 1 SGB V) und zahlungswirksam geworden sind.

2. Grundsätze zur Bildung von Richtgrößen

(1) Die Partner dieser Empfehlung halten es für sachgerecht, Richtgrößen

- einheitlich für alle Kassenarten sowie für den Geltungsbereich einer Kassenärztlichen Vereinigung,

- für Arznei- und Verbandmittel einerseits sowie für Heilmittel andererseits,

- für vereinbarte Arztgruppen,

- jahresbezogen auf der Basis der Fälle und Brutto-Verordnungskosten eines Kalenderjahres und

- getrennt nach Allgemeinversicherten und Rentnern einschließlich der jeweiligen Familienangehörigen

zu vereinbaren. Weitergehende Differenzierungen können von der Bundesebene datenlogistisch nicht unterstützt werden.

---

[1] Ziffer 1 Absatz 4 gilt für Ausgleichsverpflichtungen aus dem Budgetjahr 1999 entsprechend.

(2) Werden für Arznei- und Verbandmittel einerseits und für Heilmittel andererseits gesonderte Richtgrößen vereinbart, sind diese im Rahmen der Wirtschaftlichkeitsprüfung getrennt anzuwenden. Dabei bleiben die Grundsätze der Wirtschaftlichkeitsprüfung unberührt („kompensationsfähige Einsparungen").

(3) Bei der Bildung von Richtgrößen sind zu jeder vereinbarten Arztgruppe alle mit Ausnahme von Impfstoffen zur Prävention in der vertragsärztlichen Versorgung verordneten Arznei-, Verband- und Heilmittel sowie die nach der Systematik der jeweiligen Arzneikostenstatistik berücksichtigten Behandlungsfälle zugrunde zulegen. Für die Wirtschaftlichkeitsprüfung nach Richtgrößen sind die Unterlagen auf der Grundlage der Brutto-Verordnungskosten arztbezogen aufzubereiten. Im Falle von Regreßverfahren sind die Verordnungskosten auf Nettobasis heranzuziehen.

(4) Die für die Bildung von Richtgrößen zu berücksichtigenden Arztgruppen sind, ausgehend von der Weiterbildungsordnung der Ärzte, von den Vertragspartnern auf der Landesebene zu vereinbaren. Die Partner dieser Empfehlung legen nahe, Richtgrößen für die in Anlage 1 genannten Arztgruppen zu bilden.

(5) Bei der Bildung von Richtgrößen für Arzneimittel können Verordnungen ausgenommen werden, bei denen keine Anhaltspunkte für eine unwirtschaftliche Anwendung, für eine Verordnung außerhalb der zugelassenen Indikation oder für eine Mengenausweitung bestehen. Wirkstoffe, die unter diesen Voraussetzungen von der Richtgrößenfestlegung ausgenommen werden können, haben die Partner dieser Empfehlung in einer Liste nach Anlage 2 zusammengestellt. Eine gemeinsame Arbeitsgruppe der Partner dieser Empfehlung ist beauftragt, die wirkstoffbezogene Liste nach Anlage 2 um die entsprechenden Fertigarzneimittel pharmazentralnummern-bezogen zu konkretisieren, jährlich zu aktualisieren und die Liste der Fertigarzneimittel jeweils im Voraus bekannt zugeben. Das Verfahren für Erstellung und Fortschreibung der Liste der Fertigarzneimittel sowie die datentechnischen Einzelheiten sind in der Technischen Anlage zu dieser Empfehlung festgelegt (Anhang).

(6) Die Liste nach Anlage 2 soll bundeseinheitlich gelten. Davon abweichende, landesspezifische Festlegungen können ebenfalls auf der Bundesebene datenlogistisch nicht unterstützt werden.

(7) Die besonderen Versorgungsverhältnisse einer Praxis sind im Rahmen der Wirtschaftlichkeitsprüfungen nach Richtgrößen zu berücksichtigen. Indikationsgebiete, bei denen im Hinblick auf Arz-

neimittel regelmäßig von Praxisbesonderheiten ausgegangen werden kann, sind in der Anlage 3 dieser Empfehlung festgelegt.

3. Ermittlung arztgruppenspezifischer Richtgrößen

(1) Von den Vertragspartnern auf der Landesebene ist ab dem Jahr 2000 jeweils für das folgende Kalenderjahr das Budget für Arznei-, Verband- und Heilmittel gemeinsam und einheitlich zu vereinbaren. Das jährliche Budget ist zugleich die Ausgangsbasis für die Ermittlung von Richtgrößen (Ausgabenvolumen).

(2) Das für eine Kassenärztliche Vereinigung vereinbarte Ausgabenvolumen für die Ermittlung von Richtgrößen ist nach den prozentualen Anteilen der vereinbarten Arztgruppen an den Ergebnissen der arztbezogenen Erfassung nach § 84 SGB V für das vorletzte Kalenderjahr aufzuteilen (arztgruppenbezogene Ausgabenanteile).

(3) Die Richtgrößen ergeben sich jeweils aus der Division der arztgruppenbezogenen Ausgabenanteile durch die Zahl der Behandlungsfälle der jeweiligen Arztgruppe im vorletzten Kalenderjahr (arztgruppenspezifische Richtgrößen).

(4) Bei der Ermittlung der arztgruppenspezifischen Richtgrößen sind, abhängig von den nachstehend genannten Vertragsgestaltungen, folgende Korrekturen zu berücksichtigen:

- Abzug der Brutto-Verordnungskosten vom Ausgabenvolumen nach Absatz 1 für Arztgruppen, die nicht nach Ziffer 2 Absatz 4 dieser Empfehlung berücksichtigt sind und folglich nicht nach Richtgrößen geprüft werden,

- Anpassung um die auf Anlage 2 dieser Empfehlung entfallenden Brutto-Verordnungskosten für Arzneimittel, gemessen am Anteil des Vorjahres, sofern die Vertragspartner auf der Landesebene die Anwendung der Anlage 2 vereinbaren.

4. Information über veranlasste Ausgaben, Datenübermittlung

(1) Für die Information der Vertragsärzte über die von ihnen veranlaßten Ausgaben für Arznei-, Verband- und Heilmittel halten die Partner dieser Empfehlung die Verordnungsdaten aus der arztbezogenen Erfassung nach § 84 Absatz 2 SGB V

- getrennt nach Arznei- und Verbandmitteln einerseits sowie Heilmitteln andererseits,

- jeweils mit der Summe der Brutto-Verordnungskosten, der Summe der Zuzahlungen und der Anzahl der Verordnungen,

- für das abgelaufene Quartal

sowie

- die entsprechenden Fallzahlen

für erforderlich. Die Verordnungsdaten werden als Summenwerte je Vertragsarzt bereitgestellt.

(2) Die Verbände der Krankenkassen tragen dafür Sorge, dass die Verordnungsdaten nach Absatz 1 den Kassenärztlichen Vereinigungen zur Verfügung gestellt werden. Die Kassenärztlichen Vereinigungen stellen ihrerseits sicher, daß den Krankenkassenverbänden die entsprechenden Fallzahlen zur Verfügung gestellt werden. Die übermittelten Informationen dienen sowohl der Frühinformation der Vertragsärzte als auch der Wirtschaftlichkeitsprüfung nach Richtgrößen.

(3) Für die Frühinformation der Vertragsärzte werden *ungeprüfte* Verordnungsdaten für Arznei- und Verbandmittel nach der 8. bis spätestens Ende der 12. Woche, für Heilmittel *geprüfte* Verordnungsdaten bis Ende des 6. Monats jeweils nach Quartalsende zur Verfügung gestellt. Die Kassenärztlichen Vereinigungen geben die Informationen nach Absatz 1 insgesamt alsbald in geeigneter Weise ihren Vertragsärzten bekannt. Die Informationen dienen in erster Linie den Vertragsärzten zur Beobachtung ihrer Verordnungstätigkeit. Sie sollen in ihrem Bemühen unterstützt werden, Überschreitungen der Richtgrößen zu vermeiden.

(4) Für die Wirtschaftlichkeitsprüfung nach Richtgrößen übermitteln die Verbände der Krankenkassen die Informationen nach Absatz 1 bis zum 30. Juni des dem Budgetjahr folgenden Jahres als *geprüfte* Verordnungsdaten.

(5) Die Partner dieser Empfehlung halten es für unverzichtbar, die weiteren Einzelheiten der Datenübermittlung zwischen den Vertragspartnern auf der Landesebene gemeinsam zu vereinbaren.

5. Verfahren bei der Überschreitung von Richtgrößen

(1) Wirtschaftlichkeitsprüfungen nach Richtgrößen sind von Amts wegen durchzuführen. Die gesetzlich vorgegebenen Vomhundertsätze nach § 106 Absatz 5 a SGB V sind verbindlich. Bei Überschreitung der Richtgrößen um mehr als fünf vom Hundert ist die Prüfung nach

Richtgrößen durchzuführen, sofern davon auszugehen ist, daß die Überschreitung nicht durch Praxisbesonderheiten begründet ist. Der gemeinsame Prüfungs- und Beschwerdeausschuß entscheidet über die zu treffenden Maßnahmen. Bei einer Überschreitung der Richtgrößen um mehr als 15 vom Hundert hat der Vertragsarzt den Mehraufwand zu erstatten, der sich aus der Überschreitung der Richtgrößen ergibt und nicht durch Praxisbesonderheiten begründet ist. Sofern die Überschreitung nicht durch bereits bekannte Praxisbesonderheiten erklärbar ist, wird dem Vertragsarzt Gelegenheit gegeben, innerhalb von vier Wochen die von ihm veranlassten Ausgaben der Höhe nach zu begründen.

Anlage 2

Arzneimittel zur Ausnahme von Richtgrößenregelungen[2]

Präambel

Nach Ziffer 2 Absatz 4 dieser Empfehlung können die Vertragspartner auf der Landesebene in regionalen Vereinbarungen vorsehen, die nachstehend aufgeführten Arzneimittel – zugleich im Sinne einer Berücksichtigung von Praxisbesonderheiten – aus der Wirtschaftlichkeitprüfung nach Richtgrößen auszunehmen.

Die Partner dieser Empfehlung verfolgen gemeinsam das Ziel, auch im Rahmen von Richtgrößenregelungen eine den Versorgungsbedürfnissen entsprechende, qualitativ hochwertige Arzneimittelversorgung zu gewährleisten. Neben Richtgrößenprüfungen stehen den Vertragspartnern auf der Landesebene weitere Wirtschaftlichkeitsprüfungen nach § 106 SGB V zur Verfügung, um bei der Anwendung der Anlage 2 dieser Vereinbarung Anreize zu Verordungsverschiebungen zu Gunsten von nicht der Richtgrößenprüfung unterliegenden Arzneimittel zu vermeiden.

Wirkstoffliste siehe Seite 34 ff.

---

[2] Datentechnische Realisierung zum 1. Juli 2000

Anlage 3

Indikationsgebiete zur Berücksichtigung als Praxisbesonderheit bei
Wirtschaftlichkeitsprüfungen

1. Fallbezogene und Indikationsabhängige Berücksichtigung

Bei den nachstehenden Indikationen ergeben sich Praxisbesonderheiten fallbezogen und indikationsabhängig im Hinblick auf Arzneimittel, die nicht in der Wirkstoffliste nach Anlage 2 dieser Empfehlung
berücksichtigt sind.

	Indikation	Arzt-gruppe	Fälle pro Quartal
1.1	Therapie des Morbus Gaucher mit Alglucerase/Imiglucerase		
1.2	Hormonelle Behandlung und in-vitro-Fertilisation bei Sterilität		
1.3	Interferon-Therapie bei schubförmig verlaufender bzw. sekundär progre-dienter Multipler Sklerose mit für diese Indikation zugelassenen Präpara-ten		
1.4	Interferon-Therapie bei Hepatitis B und Hepatitis C mit für diese Indika-tionen zugelassenen Präparaten, ggf. in Kombination mit anderen dafür zuge-lassenen antiviralen Mitteln		
1.5	Arzneimitteltherapie der Mukoviszi-dose		
1.6	Arzneimitteltherapie der Terminalen Niereninsuffizienz		
1.7	Substitutionsbehandlung Opiatabhän-giger nach NUB-Richtlinien mit für die Substitution verordnungsfähigen Arz-neimitteln einschließlich entsprechen-der Rezepturzubereitungen		

	Indikation	Arzt- gruppe	Fälle pro Quartal
1.8	Wachstumshormon-Behandlung bei Kindern mit nachgewiesenem hypophysärem Minderwuchs		
1.9	Parenterale Chemotherapie bei Tumorpatienten als Rezepturzubereitung sowie parenterale Chemotherapie mit für diese Indikation zugelassenen Interferonen		
1.10	Therapie behandlungsbedürftiger Begleiterkrankungen bei HIV-Infektionen		
1.11	Insulintherapie bei insulinpflichtigem Diabetes mellitus		

2. Berücksichtigung bestimmter Heilmitteltherapien

Bei den nachstehenden Indikationen/Therapien zu Heilmitteln werden die besonderen Versorgungsverhältnisse einer ärztlichen Praxis durch die Differenzierung der Richtgrößen nach Indikationsgruppen berücksichtigt. Sobald entsprechend differenzierte Richtgrößen regional vereinbart werden, entfällt jeweils der Aspekt der Praxisbesonderheit insgesamt.

	Indikation/Therapie	Arzt- gruppe	Fälle pro Quartal
2.1	Ergotherapie		
2.2	Logopädie		

Erläuterungen zu Anlage 3

Stellt der Arzt fest, daß für ihn Praxisbesonderheiten im Sinne der Anlage 3 dieser Empfehlung zutreffen, empfehlen die Partner dieser Empfehlung, die Praxisbesonderheiten auf einem Beiblatt zur Abrechnung zu bezeichnen und die jeweils zutreffende Fallzahl anzugeben. Außer den nach Anlage 3 aufgeführten Praxisbesonderheiten kann der Arzt im Einzelfall weitere Praxisbesonderheiten angeben. Die Therapiehinweise des Bundesausschusses der Ärzte und Krankenkassen nach Ziffer 14 Arzneimittel-Richtlinien, die regelmäßig im „Deutschen Ärzteblatt" veröffentlicht werden, sind wichtige Hilfestellungen bei der wirtschaftlichen Verordnungsweise neuer Therapieprinzipien in der täglichen Praxis.

Anlage 4

Berechnungsschritte zur Prüfung nach Richtgrößen

1. Entscheidung über die Einleitung des Prüfverfahrens

1.1 Ermittlung des Richtgrößenbetrages des Vertragsarztes

Fallzahl(en) multipliziert mit Richtgröße(n) = Richtgrößenbetrag
(Hinweis: bei differenzierten Richtgrößen Mehrfachschritt mit Summierung)

1.2 Feststellung der veranlaßten Ausgaben

Brutto-Verordnungskosten
(Hinweis: ermittelt aus der arztbezogenen Erfassung nach § 84 Absatz 2 SGB V)

1.3 Feststellung der gesetzlichen Prüfpflicht

Brutto-Verordnungskosten nach 1.2 im Verhältnis zum Richtgrößenbetrag nach 1.1

ergibt Prüfquote 1 (in %)

Prüfquote 1	*unter 105 Prozent: keine gesetzliche Prüfpflicht*
	über 105 Prozent: Prüfung nach § 106 Absatz 5a SGB V

2. Prüfung nach § 106 Absatz 5a SGB V

2.1 Berücksichtigung von Praxisbesonderheiten

Brutto-Verordnungskosten nach 1.2

abzgl. vom Prüfungsausschuß als therapeutische Praxisbesonderheiten anerkannte Brutto-Verordnungskosten

Bewertung weiterer Praxisbesonderheiten (Abweichung von Fachgruppendurchschnitt)

– ggf. abweichender Anteil zuzahlungsbefreiter Versicherter
– ggf. abweichend Altersstruktur der Versicherten

(Hinweis: vergleiche Ziffer 5 Abs. 4 Satz 2 der Empfehlung)

ergibt bereinigte Brutto-Verordnungskosten

2.2 Feststellung der gesetzlichen Erstattungspflicht

bereinigte Brutto-Verordnungskosten nach 2.1

im Verhältnis zum Richtgrößenbetrag nach 1.1

ergibt Prüfquote 2 (in %)

Prüfquote 2	*unter 115 Prozent: vom Prüfungsausschuß festzusetzende Maßnahmen*
	über 115 Prozent: Feststellung des gesetzlichen Regreßbetrages

3. Festsetzung der gesetzlichen Erstattungspflicht

3.1 Feststellung der arztindividuellen

Netto-Verordnungskosten

(Hinweis: ermittelt aus der arztbezogenen Erfassung nach § 84 Absatz 2 SGB V, Rabatt nach § 130 SGB V und Zuzahlungen berücksichtigt)

im Verhältnis zu den Brutto-Verordnungskosten nach 2.1

ergibt arztindividuelle Nettoquote der Verordnungskosten (in %)

3.2 Feststellung des gesetzlichen Regreßbetrages

bereinigte Brutto-Verordnungskosten nach 2.1

abzügl. Richtgrößenbetrag nach 2.1

ergibt Brutto-Regreßbetrag

Brutto-Regreßbetrag umbasiert nach der arztindividuellen Nettoquote nach 3.1

ergibt

Regreßbetrag

Anhang

Technische Anlage zum Verzeichnis der Arzneimittel nach Anlage 2

1. **Präambel**

(1) Nach Ziffer 2 Absatz 5 dieser Empfehlungen werden Arzneimittel, bei denen eine Ausnahme von der Bildung von Richtgrößen sachgerecht erscheint, in der wirkstoffbezogenen Liste nach Anlage 2 zusammengestellt. Die wirkstoffbezogene Liste soll regelmäßig aktualisiert und um die entsprechenden Fertigarzneimittel konkretisiert werden.

(2) Über die Anwendung der wirkstoffbezogenen Liste nach Anlage 2 entscheiden die Vertragspartner auf der Landesebene in eigener Vertragsverantwortung. Es wird eine bundeseinheitliche Anwendung empfohlen. Davon abweichende, landesspezifische Festlegungen können auf der Bundesebene datenlogistisch nicht unterstützt werden. Dies gilt gleichermaßen für die Anwendung des nachstehend vereinbarten Verzeichnisses der Fertigarzneimittel (Ziffer 3).

2. **Fortschreibung der wirkstoffbezogenen Liste nach Anlage 2**

Die Partner dieser Empfehlung stimmen Aktualisierungen der wirkstoffbezogenen Liste nach Anlage 2 jeweils bis zum 30. September für das folgende Richtgrößenjahr (Kalenderjahr) im Rahmen einer gemeinsamen Arbeitsgruppe ab. Dabei werden nur Änderungen berücksichtigt, auf die sich die Partner der Empfehlung gemeinsam verständigt haben. Die Information der Vertragspartner auf der Landesebene über die abgestimmten Aktualisierungen obliegt den Partnern dieser Empfehlung jeweils in eigener Verantwortung.

3. **Verzeichnis der Fertigarzneimittel zu Anlage 2 (PZN-Richtgrößen-Datei)**

(1) In einer Pharmazentralnummern-bezogenen Datei werden die Fertigarzneimittel zusammengestellt, die Wirkstoffe nach Anlage 2

dieser Empfehlung enthalten (PZN-Richtgrößen-Datei). Bei der Zuordnung sind jeweils die Produktstände nach der Großen Deutschen Spezialitätentaxe (Lauer-Taxe) unter Anwendung geeigneter Fehlerkontrollverfahren zu Grunde zu legen. Die PZN-Richtgrößen-Datei ist mit dem Aktualisierungsstand der wirkstoffbezogenen Liste nach Ziffer 2 sowie dem Produktstand zu bezeichnen und enthält zu jedem zugeordneten Fertigarzneimittel folgende Angaben:

- Pharmazentralnummer (PZN)

- Handelsname

- chemische Bezeichung des Wirkstoffs/der Wirkstoffe

- Stärke des Wirkstoffs/der Wirkstoffe

- Packungsgröße

- Darreichungsform.

(2) Die PZN-Richtgrößen-Datei wird jeweils als Gesamtverzeichnis in einem gebräuchlichen linzenzunabhängigen Datenbankformat (z.B. als Textdatei, selbst entpackend) erstellt:

- mit dem Produktstand 1. Januar des Richtgrößenjahres als prospektive Version für Beratungsprüfungen und

- mit dem Produktstand 15. Dezember des Richtgrößenjahres, einschließlich der vorübergehend im Arzneimittelmarkt dieses Jahres verfügbaren Fertigarzneimittel, als retrospektive Version für Regreßprüfungen.

- Für die erstmalige Erstellung sind die wirkstoffbezogene Liste nach Anlage 2 in der zu dieser Empfehlung abgestimmten Fassung sowie der Produktstand 1. Januar 2000 (prospektive Version) zu Grunde zu legen.

Zur Übermittlung der PZN-Richtgrößen-Datei an die Partner dieser Empfehlung sind gebräuchliche Datenträger (z.B. Diskette, CD-ROM) zu verwenden, das Nähere stimmen die jeweiligen Kommunikationspartner miteinander ab.

(3) Die Partner dieser Empfehlung haben sich darauf verständigt, die Zuordnung der Fertigarzneimittel nach der wirkstoffbezogenen Liste nach Anlage 2 sowie der Erstellung, Fortschreibung und Übermittlung der PZN-Richtgrößen-Datei bis auf weiteres durch den Bundesverband der Betriebskrankenkassen als eine gemein-

same Selbstverwaltungsaufgabe gegen eine Aufwandspauschale in Höhe von 7.500,– DM für die erste Version und 5.000,– DM für jede weitere Version vornehmen zu lassen. Der Bundesverband der Betriebskrankenkassen kann hierzu eine ihm unmittelbar angegliederte Institution, die ausschließlich in seinem Auftrag tätig ist, in Anspruch nehmen. Die Aufwandspauschale wird je zur Hälfte einerseits von der Kassenärztlichen Bundesvereinigung und andererseits von den Spitzenverbänden der Krankenkassen nach dem für Gemeinschaftsprojekte festgelegten, mitgliederbezogenen Aufteilungsschlüssel getragen. Mit der Aufwandspauschle sind alle nach Satz 1 genannten Leistungen abgegolten, weitergehende Ansprüche können nicht geltend gemacht werden.

4. Freigabe und Verwendung der PZN-Richtgrößen-Datei

(1) Die Partner der Empfehlung erhalten jährlich bis zum 31. Januar von jeder in Ziffer 3.2 genannten Version eine Ausfertigung der PZN-Richtgrößen-Datei. Die erste Ausfertigung (Ziffer 3.2) soll bis zum 30. Juni 2000 vorgelegt werden. Die vorgelegten Versionen werden umgehend durch die gemeinsame Arbeitsgruppe der Partner dieser Empfehlung inhaltlich geprüft und von diesen zu den nach Ziffer 4.2 genannten Zwecken gemeinsam freigegeben. Sie sind als Arbeitshilfe für die Umsetzung der den Vertragspartnern auf der Landesebene zugewiesenen Aufgaben bestimmt. Eine über die übliche Sorgfalt hinausgehende Gewähr für die Richtigkeit und Vollständigkeit der PZN-Richtgrößen-Datei wird nicht übernommen. Die Versionen der PZN-Richtgrößen-Datei werden mit ihrer Freigabe nach Satz 2 gemeinsames Eigentum der Partner dieser Empfehlung.

(2) Die Partner der Empfehlung erklären, die PZN-Richtgrößen-Datei ausschließlich verwaltungsintern für Zwecke der Bildung von Richtgrößen nach § 84 SGB V sowie im Rahmen von Wirtschaftlichkeitsprüfungen nach § 106 SGB V zu verwenden. Die PZN-Richtgrößen-Datei steht zu den nach Satz 1 genannten Zwecken ferner den Vertragspartnern auf der Landesebene sowie von ihnen gemeinsam beauftragten Stellen zur Verfügung (berechtigte Nutzer), die Verwendung erfolgt in eigener Verantwortung. Die berechtigten Nutzer haben sich schriftlich zur Einhaltung der vorgenannten Nutzungsbeschränkungen zu verpflichten. Jede darüber hinausgehende Verwendung ist unzulässig und kann – auch von einzelnen Partner dieser Empfehlung – rechtlich verfolgt werden.

5. In-Kraft-Treten, Kündigung

(1) Diese Technische Anlage tritt mit Unterzeichnung der Empfehlung zu Richtgrößen in Kraft.

(2) Die Technische Anlage kann gesondert mit einer Frist von sechs Monaten zum Ende eines Kalenderjahres gekündigt werden. Eine Kündigung seitens der Spitzenverbände der Krankenkassen ist nur gemeinsam möglich. Im Falle einer Kündigung bleiben die übrigen Regelungen der Empfehlung zu Richtgrößen unberührt.

Die wichtigsten Regelungen des Fünften Buches des Sozialgesetzbuches (SGB V)

§ 2 Leistungen

(1) Die Krankenkassen stellen den Versicherten die im Dritten Kapitel genannten Leistungen unter Beachtung des Wirtschaftlichkeitsgebots (§ 12) zur Verfügung, soweit diese Leistungen nicht der Eigenverantwortung der Versicherten zugerechnet werden. Behandlungsmethoden, Arznei- und Heilmittel der besonderen Therapierichtungen sind nicht ausgeschlossen. Qualität und Wirksamkeit der Leistungen haben dem allgemein anerkannten Stand der medizinischen Erkenntnisse zu entsprechen und den medizinischen Fortschritt zu berücksichtigen.

(2) Die Versicherten erhalten die Leistungen als Sach- und Dienstleistungen, soweit dieses Buch nichts Abweichendes vorsieht. Über die Erbringung der Sach- und Dienstleistungen schließen die Krankenkassen nach den Vorschriften des Vierten Kapitels Verträge mit den Leistungserbringern.

(3) Bei der Auswahl der Leistungserbringer ist ihre Vielfalt zu beachten. Den religiösen Bedürfnissen der Versicherten ist Rechnung zu tragen.

(4) Krankenkassen, Leistungserbringer und Versicherte haben darauf zu achten, daß die Leistungen wirksam und wirtschaftlich erbracht und nur im notwendigen Umfang in Anspruch genommen werden.

§ 12 Wirtschaftlichkeitsgebot

(1) Die Leistungen müssen ausreichend, zweckmäßig und wirtschaftlich sein; sie dürfen das Maß des Notwendigen nicht überschreiten. Leistungen, die nicht notwendig oder unwirtschaftlich sind, können

Versicherte nicht beanspruchen, dürfen die Leistungserbringer nicht bewirken und die Krankenkassen nicht bewilligen.

(2) Ist für eine Leistung ein Festbetrag festgesetzt, erfüllt die Krankenkasse ihre Leistungspflicht mit dem Festbetrag.

(3) Hat die Krankenkasse Leistungen ohne Rechtsgrundlage oder entgegen geltendem Recht erbracht und hat ein Vorstandsmitglied hiervon gewußt oder hätte es hiervon wissen müssen, hat die zuständige Aufsichtsbehörde nach Anhörung des Vorstandsmitglieds den Verwaltungsrat zu veranlassen, das Vorstandsmitglied auf Ersatz des aus der Pflichtverletzung entstandenen Schadens in Anspruch zu nehmen, falls der Verwaltungsrat das Regreßverfahren nicht bereits von sich aus eingeleitet hat.

§ 27 Krankenbehandlung

(1) Versicherte haben Anspruch auf Krankenbehandlung, wenn sie notwendig ist, um eine Krankheit zu erkennen, zu heilen, ihre Verschlimmerung zu verhüten oder Krankheitsbeschwerden zu lindern. Die Krankenbehandlung umfaßt

1. ärztliche Behandlung,
2. zahnärztliche Behandlung einschließlich der Versorgung mit Zahnersatz,
3. Versorgung mit Arznei-, Verband-, Heil- und Hilfsmitteln,
4. häusliche Krankenpflege und Haushaltshilfe,
5. Krankenhausbehandlung,
6. medizinische und ergänzende Leistungen zur Rehabilitation sowie Belastungserprobung und Arbeitstherapie.

Bei der Krankenbehandlung ist den besonderen Bedürfnissen psychisch Kranker Rechnung zu tragen, insbesondere bei der Versorgung mit Heilmitteln und bei der medizinischen Rehabilitation. Zur Krankenbehandlung gehören auch Leistungen zur Herstellung der Zeugungs- oder Empfängnisfähigkeit, wenn diese Fähigkeit nicht vorhanden war oder durch Krankheit oder wegen einer durch Krankheit erforderlichen Sterilisation verlorengegangen war.

(2) Versicherte, die sich nur vorübergehend im Inland aufhalten, zur Ausreise verpflichtete Ausländer, deren Aufenthalt aus völkerrechtlichen, politischen oder humanitären Gründen geduldet wird, sowie

1. asylsuchende Ausländer, deren Asylverfahren noch nicht unanfechtbar abgeschlossen ist,

2. Vertriebene im Sinne des § 1 Abs. 2 Nr. 2 und 3 des Gesetzes über die Angelegenheiten der Vertriebenen und Flüchtlinge

mit Anspruch auf laufende Hilfe zum Lebensunterhalt nach dem Bundessozialhilfegesetz haben Anspruch auf Versorgung mit Zahnersatz, wenn sie unmittelbar vor Eintritt der Behandlungsbedürftigkeit mindestens ein Jahr lang Mitglied einer Krankenkasse (§ 4) oder nach § 10 versichert waren oder wenn die Behandlung aus medizinischen Gründen ausnahmsweise unaufschiebbar ist.

§ 70 Qualität, Humanität und Wirtschaftlichkeit

(1) Die Krankenkassen und die Leistungserbringer haben eine bedarfsgerechte und gleichmäßige, dem allgemein anerkannten Stand der medizinischen Erkenntnisse entsprechende Versorgung der Versicherten zu gewährleisten. Die Versorgung der Versicherten muß ausreichend und zweckmäßig sein, darf das Maß des Notwendigen nicht überschreiten und muß wirtschaftlich erbracht werden.

(2) Die Krankenkassen und die Leistungserbringer haben durch geeignete Maßnahmen auf eine humane Krankenbehandlung ihrer Versicherten hinzuwirken.

§ 72 Sicherstellung der vertragsärztlichen und vertragszahnärztlichen Versorgung

(1) Ärzte, Zahnärzte und Krankenkassen wirken zur Sicherstellung der vertragsärztlichen Versorgung der Versicherten zusammen. Soweit sich die Vorschriften dieses Kapitels auf Ärzte beziehen, gelten sie entsprechend für Zahnärzte.

(2) Die vertragsärztliche Versorgung ist im Rahmen der gesetzlichen Vorschriften und der Richtlinien der Bundesausschüsse durch schriftliche Verträge der Kassenärztlichen Vereinigungen mit den Verbänden der Krankenkassen so zu regeln, daß eine ausreichende, zweckmäßige und wirtschaftliche Versorgung der Versicherten unter Berücksichtigung des allgemein anerkannten Standes der medizinischen Erkenntnisse gewährleistet ist und die ärztlichen Leistungen angemessen vergütet werden.

(3) Für die knappschaftliche Krankenversicherung gelten die Absätze 1 und 2 entsprechend, soweit das Verhältnis zu den Ärzten nicht durch die Bundesknappschaft nach den örtlichen Verhältnissen geregelt ist.

§ 73 Vertragsärztliche Versorgung

(1) Die vertragsärztliche Versorgung gliedert sich in die hausärztliche und die fachärztliche Versorgung. Die hausärztliche Versorgung beinhaltet insbesondere

1. die allgemeine und fortgesetzte ärztliche Betreuung eines Patienten in Diagnostik und Therapie bei Kenntnis seines häuslichen und familiären Umfeldes,
2. die Koordination diagnostischer, therapeutischer und pflegerischer Maßnahmen,
3. die Dokumentation, insbesondere Zusammenführung, Bewertung und Aufbewahrung der wesentlichen Behandlungsdaten, Befunde und Berichte aus der ambulanten und stationären Versorgung,
4. die Einleitung oder Durchführung präventiver und rehabilitativer Maßnahmen sowie die Integration nichtärztlicher Hilfen und flankierender Dienste in die Behandlungsmaßnahmen.

(1a) An der hausärztlichen Versorgung nehmen Ärzte für Allgemeinmedizin und Ärzte ohne Gebietsbezeichnung teil. Kinderärzte und Internisten ohne Teilgebietsbezeichnung wählen, ob sie an der hausärztlichen oder an der fachärztlichen Versorgung teilnehmen. Soweit sie bereits am 1. Januar 1993 an der vertragsärztlichen Versorgung teilnehmen, treffen sie ihre Wahl bis zum 31. Dezember 1995. Der Zulassungsausschuß kann eine von Satz 2 abweichende, zeitlich befristete Regelung treffen, wenn eine bedarfsgerechte Versorgung nach Feststellung des Landesausschusses nicht gewährleistet ist. An der fachärztlichen Versorgung nehmen die Ärzte mit Gebietsbezeichnung teil, mit Ausnahme der Ärzte für Allgemeinmedizin sowie derjenigen Internisten und Kinderärzte ohne Teilgebietsbezeichnung, die die Wahrnehmung hausärztlicher Versorgungsaufgaben gewählt haben. Der Zulassungsausschuß kann Ärzten für Allgemeinmedizin und Ärzten ohne Gebietsbezeichnung, die im wesentlichen spezielle Leistungen erbringen, auf deren Antrag die Genehmigung zur ausschließlichen Teilnahme an der fachärztlichen Versorgung erteilen.

(1b) Ein Hausarzt darf bei Ärzten, die einen seiner Patienten weiterbehandeln, die wesentlichen Behandlungsdaten und Befunde des Versicherten zum Zweck der Dokumentation erheben. Der einen Versicherten weiterbehandelnde Arzt ist verpflichtet, dem Hausarzt dieses Versicherten mit dessen Einverständnis die in Satz 1 genannten Daten zum Zwecke der bei ihm durchzuführenden Dokumentation zu übermitteln. Der Hausarzt darf die ihm nach Satz 1 übermittelten Daten nur zu dem Zweck speichern und nutzen, zu dem sie ihm übermittelt worden sind. Bei einem Hausarztwechsel ist der bisherige Hausarzt des Versicherten verpflichtet, dem neuen Hausarzt die bei ihm über den Versicherten gespeicherten Unterlagen mit dessen Einverständnis vollständig zu übermitteln; der neue Hausarzt darf die in diesen Unterlagen enthaltenen personenbezogenen Daten erheben.

(1c) Die Spitzenverbände der Krankenkassen vereinbaren mit der Kassenärztlichen Bundesvereinigung gemeinsam und einheitlich das Nähere, insbesondere über Inhalt und Umfang der hausärztlichen Versorgung. Die Vertragsparteien regeln die Bedingungen, zu denen Kinderärzte und Internisten ohne Teilgebietsbezeichnung bis zum 31. Dezember 1995 sowohl an der hausärztlichen als auch an der fachärztlichen Versorgung teilnehmen können.

(2) Die vertragsärztliche Versorgung umfaßt die

1. ärztliche Behandlung,
2. zahnärztliche Behandlung einschließlich der Versorgung mit Zahnersatz; kieferorthopädische Behandlung nach Maßgabe des § 28 Abs. 2,
3. Maßnahmen zur Früherkennung von Krankheiten,
4. ärztliche Betreuung bei Schwangerschaft und Mutterschaft,
5. Verordnung von medizinischen Leistungen der Rehabilitation, Belastungserprobung und Arbeitstherapie,
6. Anordnung der Hilfeleistung anderer Personen,
7. Verordnung von Arznei-, Verband-, Heil- und Hilfsmitteln, Krankentransporten sowie Krankenhausbehandlung oder Behandlung in Vorsorge- oder Rehabilitationseinrichtungen,
8. Verordnung häuslicher Krankenpflege,
9. Ausstellung von Bescheinigungen und Erstellung von Berichten, die die Krankenkassen oder der Medizinische Dienst (§ 275) zur Durchführung ihrer gesetzlichen Aufgaben oder die die Versicherten für den Anspruch auf Fortzahlung des Arbeitsentgelts benötigen,
10. medizinische Maßnahmen zur Herbeiführung einer Schwangerschaft nach § 27a Abs.1.
11. ärztliche Maßnahmen nach den §§ 24a und 24b.

(3) In den Gesamtverträgen ist zu vereinbaren, inwieweit Maßnahmen zur Vorsorge und Rehabilitation, soweit sie nicht zur kassenärztlichen Versorgung nach Absatz 2 gehören, Gegenstand der kassenärztlichen Versorgung sind.

(4) Krankenhausbehandlung darf nur verordnet werden, wenn eine ambulante Versorgung der Versicherten zur Erzielung des Heil- oder

Linderungserfolgs nicht ausreicht. Die Notwendigkeit der Krankenhausbehandlung ist bei der Verordnung zu begründen. In der Verordnung von Krankenhausbehandlung sind in den geeigneten Fällen auch die beiden nächsterreichbaren, für die vorgesehene Krankenhausbehandlung geeigneten Krankenhäuser anzugeben. Das Verzeichnis nach § 39 Abs. 3 ist zu berücksichtigen.

(5) Der an der kassenärztlichen Versorgung teilnehmende Arzt und die ermächtigte ärztlich geleitete Einrichtung sollen bei der Verordnung von Arzneimitteln die Preisvergleichsliste nach § 92 Abs. 2 beachten und auf dem Verordnungsblatt ihre Entscheidung kenntlich machen, ob die Apotheke ein preisgünstigeres wirkstoffgleiches Arzneimittel anstelle des verordneten Mittels abgeben darf. Verordnet der Arzt ein Arzneimittel, dessen Preis den Festbetrag nach § 35 überschreitet, hat der Arzt den Versicherten über die sich aus seiner Verordnung ergebende Pflicht zur Übernahme der Mehrkosten hinzuweisen.

(6) Zur kassenärztlichen Versorgung gehören Maßnahmen zur Früherkennung von Krankheiten nicht, wenn sie im Rahmen der Krankenhausbehandlung oder der stationären Entbindung durchgeführt werden, es sei denn, die ärztlichen Leistungen werden von einem Belegarzt erbracht.

(7) Über die Erbringung der ärztlichen Leistungen nach § 135 Abs. 1 Satz 4, die von einer Krankenkasse nach § 56 Abs. 1 oder 2 als Satzungsleistung vorgesehen sind, schließen die Partner der Gesamtverträge Vereinbarungen.

(8) Zur Sicherung der wirtschaftlichen Verordnungsweise haben die Kassenärztlichen Vereinigungen und die Kassenärztlichen Bundesvereinigungen sowie die Krankenkassen und ihre Verbände die Vertragsärzte auch vergleichend über preisgünstige verordnungsfähige Leistungen, einschließlich der jeweiligen Preise und Entgelte zu informieren sowie nach dem allgemeinen anerkannten Stand der medizinischen Erkenntnisse Hinweise zu Indikation und therapeutischen Nutzen zu geben. Die Informationen und Hinweise für die Verordnung von Arznei-, Verband- und Heilmitteln erfolgen insbesondere auf der Grundlage der Preisvergleichsliste nach § 92 Abs. 2, der Rahmenvorgaben nach § 84 Abs. 7 Satz 1 und der getroffenen Arzneimittelvereinbarungen nach § 84 Abs. 1.

§ 83 Gesamtverträge

(1) Die Kassenärztlichen Vereinigungen schließen mit den Landesverbänden der Krankenkassen und den Verbänden der Ersatzkassen Gesamtverträge mit Wirkung für die beteiligten Krankenkassen über die vertragsärztliche Versorgung. Für die Bundesknappschaft gilt Satz 1 entsprechend, soweit die ärztliche Versorgung durch die Kassenärztliche Vereinigung sichergestellt wird. § 82 Abs. 2 Satz 2 gilt entsprechend.

(2) In den Gesamtverträgen sind auch Verfahren zu vereinbaren, die die Prüfung der Abrechnungen auf Rechtmäßigkeit durch Plausibilitätskontrollen der Kassenärztlichen Vereinigungen, insbesondere auf der Grundlage von Stichproben, ermöglichen. Dabei sind Anzahl und Häufigkeit der Prüfungen festzulegen.

§ 84 Arznei- und Heilmittelvereinbarung; Richtgrößen

(1) Die Landesverbände der Krankenkassen und die Verbände der Ersatzkassen gemeinsam und einheitlich und die Kassenärztliche Vereinigung treffen zur Sicherstellung der vertragsärztlichen Versorgung mit Arznei- und Verbandmitteln bis zum 30. November für das jeweils folgende Kalenderjahr eine Arzneimittelvereinbarung. Die Vereinbarung umfasst

1. ein Ausgabenvolumen für die insgesamt von den Vertragsärzten nach § 31 veranlassten Leistungen,

2. Versorgungs- und Wirtschaftlichkeitsziele und konkrete, auf die Umsetzung dieser Ziele ausgerichtete Maßnahmen (Zielvereinbarungen), insbesondere zur Information und Beratung und

3. Kriterien für Sofortmaßnahmen zur Einhaltung des vereinbarten Ausgabenvolumens innerhalb des laufenden Kalenderjahres.

(2) Bei der Anpassung des Ausgabenvolumens nach Absatz 1 Nr. 1 sind insbesondere zu berücksichtigen

1. Veränderungen der Zahl und Altersstruktur der Versicherten,

2. Veränderungen der Preise der Arznei- und Verbandmittel,

3. Veränderungen der gesetzlichen Leistungspflicht der Krankenkassen,

4. Änderungen der Richtlinien des Bundesausschusses nach § 92 Abs. 1 Nr. 6,

5. der wirtschaftliche und qualitätsgesicherte Einsatz innovativer Arzneimittel,

6. Veränderungen der sonstigen indikationsbezogenen Notwendigkeit und Qualität bei der Arzneimittelverordnung auf Grund von getroffenen Zielvereinbarungen nach Absatz 1 Nr. 2,

7. Veränderungen des Verordnungsumfangs von Arznei- und Verbandmitteln auf Grund von Verlagerungen zwischen den Leistungsbereichen und

8. Ausschöpfung von Wirtschaftlichkeitsreserven entsprechend den Zielvereinbarungen nach Absatz 1 Nr. 2.

(3) Überschreitet das tatsächliche, nach Absatz 5 Satz 1 bis 3 festgestellte Ausgabenvolumen für Arznei- und Verbandmittel das nach Absatz 1 Nr. 1 vereinbarte Ausgabenvolumen, ist diese Überschreitung Gegenstand der Gesamtverträge. Die Vertragsparteien haben dabei die Ursachen der Überschreitung, insbesondere auch die Erfüllung der Zielvereinbarungen nach Absatz 1 Nr. 2 zu berücksichtigen. Bei Unterschreitung des nach Absatz 1 Nr. 1 vereinbarten Ausgabenvolumens kann diese Unterschreitung Gegenstand der Gesamtverträge werden.

(4) Werden die Zielvereinbarungen nach Absatz 1 Nr. 2 erfüllt, können die beteiligten Krankenkassen auf Grund einer Regelung der Parteien der Gesamtverträge auch unabhängig von der Einhaltung des vereinbarten Ausgabenvolumens nach Absatz 1 Nr. 1 einen Bonus an die Kassenärztliche Vereinigung entrichten.

(5) Zur Feststellung des tatsächlichen Ausgabenvolumens nach Absatz 3 erfassen die Krankenkassen die während der Geltungsdauer der Arzneimittelvereinbarung veranlassten Ausgaben arztbezogen, nicht versichertenbezogen. Sie übermitteln diese Angaben nach Durchführung der Abrechnungsprüfung ihren jeweiligen Spitzenverbänden, die diese Daten kassenartenübergreifend zusammenführen und jeweils der Kassenärztlichen Vereinigung übermitteln, der die Ärzte, welche die Ausgaben veranlasst haben, angehören; zugleich übermitteln die Spitzenverbände diese Daten den Landesverbänden der Krankenkassen und den Verbänden der Ersatzkassen, die Vertragspartner der jeweiligen Kassenärztlichen Vereinigung nach Absatz 1 sind. Ausgaben nach Satz 1 sind auch Ausgaben für Arznei- und Verbandmittel, die durch Kostenerstattung vergütet worden sind. Zudem erstellen die Spitzenverbände der Krankenkassen gemeinsam und einheitlich für jede Kassenärztliche Vereinigung monatliche Berichte über die Entwicklung der Ausgaben von Arznei- und Verbandmitteln und übermitteln diese Berichte als Schnellinformationen den Vertragspartnern nach Absatz 1 insbesondere für Abschluss und Durchführung der Arzneimittelvereinbarung sowie für

die Informationen nach § 73 Abs. 8. Für diese Berichte gelten Satz 1 und 2 entsprechend; Satz 2 gilt mit der Maßgabe, dass die Angaben vor Durchführung der Abrechnungsprüfung zu übermitteln sind. Die Kassenärztliche Bundesvereinigung erhält für die Vereinbarung der Rahmenvorgaben nach Absatz 7 und für die Informationen nach § 73 Abs. 8 eine Auswertung dieser Berichte. Die Spitzenverbände der Krankenkassen können eine Arbeitsgemeinschaft nach § 219 mit der Durchführung der vorgenannten Aufgaben beauftragen. § 304 Abs. 1 Satz 1 Nr. 2 gilt entsprechend.

(6) Die Vertragspartner nach Absatz 1 vereinbaren zur Sicherstellung der vertragsärztlichen Versorgung für das auf das Kalenderjahr bezogene Volumen der je Arzt verordneten Arznei- und Verbandmittel (Richtgrößenvolumen) arztgruppenspezifische fallbezogene Richtgrößen als Durchschnittswerte unter Berücksichtigung der nach Absatz 1 getroffenen Arzneimittelvereinbarung, erstmals bis zum 31. März 2002. Zusätzlich sollen die Vertragspartner nach Absatz 1 die Richtgrößen nach altersgemäß gegliederten Patientengruppen und darüber hinaus auch nach Krankheitsarten bestimmen. Die Richtgrößen leiten den Vertragsarzt bei seinen Entscheidungen über die Verordnung von Arznei und Verbandmitteln nach dem Wirtschaftlichkeitsgebot. Die Überschreitung des Richtgrößenvolumens löst eine Wirtschaftlichkeitsprüfung nach § 106 Abs. 5a unter den dort genannten Voraussetzungen aus.

(7) Die Kassenärztliche Bundesvereinigung und die Spitzenverbände der Krankenkassen gemeinsam und einheitlich vereinbaren für das jeweils folgende Kalenderjahr Rahmenvorgaben für die Inhalte der Arzneimittelvereinbarungen nach Absatz 1 sowie für die Inhalte der Informationen und Hinweise nach § 73 Abs. 8. Die Rahmenvorgaben haben die Arzneimittelverordnungen zwischen den Kassenärztlichen Vereinigungen zu vergleichen und zu bewerten; dabei ist auf Unterschiede in der Versorgungsqualität und Wirtschaftlichkeit hinzuweisen. Von den Rahmenvorgaben dürfen die Vertragspartner der Arzneimittelvereinbarung nur abweichen, soweit dies durch die regionalen Versorgungsbedingungen begründet ist. Die Vertragsparteien nach Satz 1 beschließen mit verbindlicher Wirkung für die Vereinbarungen der Richtgrößen nach Absatz 6 Satz 1 die Gliederung der Arztgruppen und das Nähere zum Fallbezug. Ebenfalls mit verbindlicher Wirkung für die Vereinbarungen der Richtgrößen nach Absatz 6 Satz 2 sollen sie die altersgemäße Gliederung der Patientengruppen und unter Berücksichtigung der Beschlüsse des Koordinierungsausschusses nach § 137e Abs. 3 Nr. 1 die Krankheitsarten

bestimmen. Darüber hinaus können sie für die Vereinbarungen nach Absatz 6 Satz 1 Empfehlungen beschließen. Der Beschluss nach Satz 4 ist bis zum 31. Januar 2002 zu fassen.

(8) Die Absätze 1 bis 7 sind für Heilmittel unter Berücksichtigung der besonderen Versorgungs- und Abrechnungsbedingungen im Heilmittelbereich entsprechend anzuwenden. Veranlasste Ausgaben im Sinne des Absatzes 5 Satz 1 betreffen die während der Geltungsdauer der Heilmittelvereinbarung mit den Krankenkassen abgerechneten Leistungen.

(9) Das Bundesministerium für Gesundheit kann bei Ereignissen mit erheblicher Folgewirkung für die medizinische Versorgung zur Gewährleistung der notwendigen Versorgung mit Arznei- und Verbandmitteln die Ausgabenvolumen nach Absatz 1 Nr. 1 durch Rechtsverordnung mit Zustimmung des Bundesrates erhöhen.

§ 87 Bundesmantelvertrag, einheitlicher Bewertungsmaßstab

(1) Die Kassenärztlichen Bundesvereinigungen vereinbaren mit den Spitzenverbänden der Krankenkassen durch Bewertungsausschüsse als Bestandteil der Bundesmantelverträge einen einheitlichen Bewertungsmaßstab für die ärztlichen und einen einheitlichen Bewertungsmaßstab für die zahnärztlichen Leistungen. In den Bundesmantelverträgen sind auch die Regelungen, die zur Organisation der vertragsärztlichen Versorgung notwendig sind, insbesondere Vordrucke und Nachweise, zu vereinbaren. Bei der Gestaltung der Arzneiverordnungsblätter ist § 73 Abs. 5 zu beachten. Die Arzneiverordnungsblätter sind so zu gestalten, daß bis zu drei Verordnungen je Verordnungsblatt möglich sind. Dabei ist für jede Verordnung ein Feld für die Auftragung des Kennzeichens nach § 300 Abs. 1 Nr. 1 sowie ein weiteres Feld vorzusehen, in dem der Arzt seine Entscheidung nach § 73 Abs. 5 durch Ankreuzen kenntlich machen kann.

(2) Der einheitliche Bewertungsmaßstab bestimmt den Inhalt der abrechnungsfähigen Leistungen und ihr wertmäßiges, in Punkten ausgedrücktes Verhältnis zueinander. Die Bewertungsmaßstäbe sind in bestimmten Zeitabständen auch daraufhin zu überprüfen, ob die Leistungsbeschreibungen und ihre Bewertungen noch dem Stand der medizinischen Wissenschaft und Technik sowie dem Erfordernis der Rationalisierung im Rahmen wirtschaftlicher Leistungserbringung entsprechen.

(2a) Die im einheitlichen Bewertungsmaßstab für die ärztlichen Leistungen aufgeführten Leistungen sind zu Leistungskomplexen zusammenzufassen. Soweit dies medizinisch erforderlich ist, können Einzelleistungen vorgesehen werden. Für die üblicherweise von Hausärzten erbrachten Leistungen, insbesondere die Betreuungs-, Koordinations- und Dokumentationsleistungen, ist eine auf den Behandlungsfall bezogene Bewertung vorzusehen (hausärztliche Grundvergütung). Darüber hinaus sind weitere, nur vom Hausarzt abrechenbare Leistungen festzulegen. Die in den Sätzen 3 und 4 genannten Regelungen sind spätestens bis zum 31. Dezember 1995 zu treffen; die Regelungen nach Satz 1 sollen spätestens ab 1995 getroffen werden. Die Vertragspartner der Bundesmantelverträge stellen sicher, daß der nach § 85 Abs. 3a Satz 8 zusätzlich zu entrichtende Betrag mit Wirkung vom 1. Januar 1995 für eine entsprechende Erhöhung der Punktzahl für die hausärztliche Grundvergütung im Rahmen des einheitlichen Bewertungsmaßstabes verwendet wird. Die Bewertung der von einem Vertragsarzt in einem bestimmten Zeitraum erbrachten Leistungen kann so festgelegt werden, daß sie mit zunehmender Menge sinkt (Abstaffelung). Für die Menge von Leistungen oder von Gruppen von Leistungen, die von einer Arztpraxis in einem bestimmten Zeitraum abrechenbar sind, können Obergrenzen vorgesehen werden; diese können für die Arztgruppen unterschiedlich festgelegt werden.

(2b) Im einheitlichen Bewertungsmaßstab für die ärztlichen Leistungen sind die Bewertungen der Laborleistungen bis zum 31. Dezember 1993 entsprechend den Vorgaben nach Absatz 2 Satz 2 anzupassen und neu zu ordnen. Bei der Neuordnung sind Möglichkeiten der strukturellen Veränderungen der Versorgung mit Laborleistungen einzubeziehen.

(3) Der Bewertungsausschuß besteht aus sieben von der Kassenärztlichen Bundesvereinigung bestellten Vertretern sowie je einem von den Bundesverbänden der Krankenkassen, der Bundesknappschaft und den Verbänden der Ersatzkassen bestellten Vertreter. Den Vorsitz führt abwechselnd ein Vertreter der Ärzte und ein Vertreter der Krankenkassen.

(4) Kommt im Bewertungsausschuß durch übereinstimmenden Beschluß aller Mitglieder eine Vereinbarung über den Bewertungsmaßstab ganz oder teilweise nicht zustande, wird der Bewertungsausschuß auf Verlangen von mindestens zwei Mitgliedern um einen unparteiischen Vorsitzenden und vier weitere unparteiische Mitglieder erweitert. Für die Benennung des unparteiischen Vorsitzenden gilt § 89 Abs. 3 entsprechend. Von den weiteren unparteiischen Mitgliedern werden zwei Mitglieder von der Kassenärztlichen Bundesverei-

nigung sowie ein Mitglied gemeinsam von den Bundesverbänden der Krankenkassen und der Bundesknappschaft benannt. Die Benennung eines weiteren unparteiischen Mitglieds erfolgt durch die Verbände der Ersatzkassen.

(5) Der erweiterte Bewertungsausschuß setzt mit der Mehrheit seiner Mitglieder die Vereinbarung fest. Die Festsetzung hat die Rechtswirkung einer vertraglichen Vereinbarung im Sinne des § 82 Abs. 1.

§ 92 Richtlinien der Bundesausschüsse

(1) Die Bundesausschüsse beschließen die zur Sicherung der ärztlichen Versorgung erforderlichen Richtlinien über die Gewähr für eine ausreichende, zweckmäßige und wirtschaftliche Versorgung der Versicherten; dabei ist den besonderen Erfordernissen der Versorgung psychisch Kranker Rechnung zu tragen, vor allem bei den Leistungen zur Belastungserprobung und Arbeitstherapie. Sie sollen insbesondere Richtlinien beschließen über die

1. ärztliche Behandlung
2. zahnärztliche Behandlung einschließlich der Versorgung mit Zahnersatz sowie kieferorthopädische Behandlung,
3. Maßnahmen zur Früherkennung von Krankheiten,
4. ärztliche Betreuung bei Schwangerschaft und Mutterschaft,
5. Einführung neuer Untersuchungs- und Behandlungsmethoden,
6. Verordnung von Arznei-, Verband-, Heil- und Hilfsmitteln, Krankenhausbehandlung und häuslicher Krankenpflege,
7. Beurteilung der Arbeitsunfähigkeit,
8. Verordnung von im Einzelfall gebotenen medizinischen Leistungen und die Beratung über die medizinischen, berufsfördernden und ergänzenden Leistungen zur Rehabilitation,
9. Bedarfsplanung,
10. medizinische Maßnahmen zur Herbeiführung einer Schwangerschaft nach § 27a Abs. 1,
11. Maßnahmen nach den §§ 24a und 24b.

(2) Die Richtlinien nach Absatz 1 Satz 2 Nr. 6 haben Arznei- und Heilmittel unter Berücksichtigung der Festbeträge nach § 35 so zusammenzustellen, daß dem Arzt der Preisvergleich und die Auswahl therapiegerechter Verordnungsmengen ermöglicht wird. Die Zusammenstellung der Arzneimittel ist nach Indikationsgebieten und Stoffgruppen zu gliedern. Um dem Arzt eine therapie- und preisgerechte Auswahl der Arzneimittel zu ermöglichen, können für die

einzelnen Indikationsgebiete die Arzneimittel in folgenden Gruppen zusammengefaßt werden:

1. Mittel, die allgemein zur Behandlung geeignet sind,
2. Mittel, die nur bei einem Teil der Patienten oder in besonderen Fällen zur Behandlung geeignet sind,
3. Mittel, bei deren Verordnung wegen bekannter Risiken oder zweifelhafter therapeutischer Zweckmäßigkeit besondere Aufmerksamkeit geboten ist.

Sachverständigen der medizinischen und pharmazeutischen Wissenschaft und Praxis sowie der Arzneimittelhersteller und der Berufsvertretungen der Apotheker ist Gelegenheit zur Stellungnahme zu geben; bei der Beurteilung von Arzneimitteln der besonderen Therapierichtungen sind auch Stellungnahmen von Sachverständigen dieser Therapierichtungen einzuholen. Die Stellungnahmen sind in die Entscheidung einzubeziehen.

(3) Für Klagen gegen die Zusammenstellung der Arzneimittel nach Absatz 2 gelten die Vorschriften über die Anfechtungsklage entsprechend. Die Klagen haben keine aufschiebende Wirkung. Ein Vorverfahren findet nicht statt. Eine gesonderte Klage gegen die Gliederung nach Indikationsgebieten oder Stoffgruppen nach Absatz 2 Satz 2, die Zusammenfassung der Arzneimittel in Gruppen nach Absatz 2 Satz 3 oder gegen sonstige Bestandteile der Zusammenstellung nach Absatz 2 ist unzulässig.

(3a) Vor der Entscheidung über die Richtlinien zur Verordnung von Arzneimitteln nach Absatz 1 Satz 2 Nr. 6 ist den für die Wahrnehmung der wirtschaftlichen Interessen gebildeten maßgeblichen Spitzenorganisationen der pharmazeutischen Unternehmer und der Apotheker sowie den maßgeblichen Dachverbänden der Ärztegesellschaften der besonderen Therapierichtungen auf Bundesebene Gelegenheit zur Stellungnahme zu geben; die Stellungnahmen sind in die Entscheidung einzubeziehen.

(4) In den Richtlinien nach Absatz 1 Satz 2 Nr. 3 sind insbesondere zu regeln

1. die Anwendung wirtschaftlicher Verfahren und die Voraussetzungen, unter denen mehrere Maßnahmen zur Früherkennung zusammenzufassen sind,
2. das Nähere über die Bescheinigungen und Aufzeichnungen bei Durchführung der Maßnahmen zur Früherkennung von Krankheiten.

Die Krankenkassen und die Kassenärztlichen Vereinigungen haben die bei Durchführung von Maßnahmen zur Früherkennung von Krankheiten anfallenden Ergebnisse zu sammeln und auszuwerten. Dabei ist sicherzustellen, daß Rückschlüsse auf die Person des Untersuchten ausgeschlossen sind.

(5) Vor der Entscheidung des Bundesausschusses über die Richtlinien nach Absatz 1 Satz 2 Nr. 8 ist den in § 111a Satz 1 genannten Organisationen der Leistungserbringer Gelegenheit zur Stellungnahme zu geben; die Stellungnahmen sind in die Entscheidung einzubeziehen. In den Richtlinien ist zu regeln, bei welchen Behinderungen, unter welchen Voraussetzungen und nach welchen Verfahren die Vertragsärzte die Krankenkassen über die Behinderungen von Versicherten zu unterrichten haben.

(6) In den Richtlinien nach Absatz 1 Satz 2 Nr. 6 ist insbesondere zu regeln

1. der Katalog verordnungsfähiger Heilmittel,
2. die Zuordnung der Heilmittel zu Indikationen,
3. die Besonderheiten bei Wiederholungsverordnungen und
4. Inhalt und Umfang der Zusammenarbeit des verordnenden Vertragsarztes mit dem jeweiligen Heilmittelerbringer.

Vor der Entscheidung des Bundesausschusses über die Richtlinien zur Verordnung von Heilmitteln nach Absatz 1 Satz 2 Nr. 6 ist den in § 125 Abs. 1 Satz 1 genannten Organisationen der Leistungserbringer Gelegenheit zur Stellungnahme zu geben; die Stellungnahmen sind in die Entscheidung einzubeziehen.

(7) In den Richtlinien nach Absatz 1 Satz 2 Nr. 6 sind insbesondere zu regeln

1. die Verordnung der häuslichen Krankenpflege und deren ärztliche Zielsetzung und
2. Inhalt und Umfang der Zusammenarbeit des verordnenden Vertragsarztes mit dem jeweiligen Leistungserbringer und dem Krankenhaus.

Vor der Entscheidung des Bundesausschusses über die Richtlinien zur Verordnung von häuslicher Krankenpflege nach Absatz 1 Satz 2 Nr. 6 ist den in § 132a Abs. 1 Satz 1 genannten Leistungserbringern Gelegenheit zur Stellungnahme zu geben; die Stellungnahmen sind in die Entscheidung einzubeziehen.

(8) Die Richtlinien der Bundesausschüsse sind Bestandteil der Bundesmantelverträge.

§ 93 Übersicht über ausgeschlossene Arzneimittel

(1) Der Bundesausschuß der Ärzte und Krankenkassen soll in regelmäßigen Zeitabständen die nach § 34 Abs. 1 oder durch Rechtsverordnung auf Grund des § 34 Abs. 2 und 3 ganz oder für bestimmte Indikationsgebiete von der Versorgung nach § 31 ausgeschlossenen Arzneimittel in einer Übersicht zusammenstellen. Die Übersicht ist im Bundesanzeiger bekanntzumachen.

(2) Kommt der Bundesausschuß seiner Pflicht nach Absatz 1 nicht oder nicht in einer vom Bundesminister für Gesundheit gesetzten Frist nach, kann der Bundesminister für Gesundheit die Übersicht zusammenstellen und im Bundesanzeiger bekannt machen.

Zu § 93 Abs. 2

Die Ergänzung des § 93 enthält eine Klarstellung, daß auch der für den Erlaß der Verordnung zuständige Bundesminister die Übersicht über die durch die Rechtsverordnung von der Versorgung nach § 31 ausgeschlossenen Arzneimittel in einer Übersicht zusammenstellen und bekanntmachen kann. Diese Befugnis besteht bereits zur Zeit aufgrund des untrennbaren Sachzusammenhangs mit dem Erlaß der Verordnung und in entsprechender Anwendung der Vorschriften des Fünften Buches Sozialgesetzbuch, die eine Zuständigkeit des Bundesministers begründen, wenn die Selbstverwaltung ihren Pflichten und Obliegenheiten nicht nachkommt.

§ 94 Wirksamwerden der Richtlinien

(1) Die von den Bundesausschüssen beschlossenen Richtlinien sind dem Bundesminister für Gesundheit vorzulegen. Er kann sie innerhalb von zwei Monaten beanstanden. Kommen die für die Sicherstellung der ärztlichen Versorgung erforderlichen Beschlüsse der Bundesausschüsse nicht oder nicht innerhalb einer vom Bundesminister für Gesundheit gesetzten Frist zustande oder werden die Beanstandungen des Bundesministers für Gesundheit nicht innerhalb der von ihm gesetzten Frist behoben, erläßt der Bundesminister für Gesundheit die Richtlinien. Soweit der Bundesausschuß die Gruppen nach § 35 Abs. 1 Satz 2 Nr. 1 nicht gebildet hat, kann der Bundesminister für Gesundheit nach dem 1. Juli 1989 die Richtlinien erlassen, ohne daß es einer gesonderten Fristsetzung bedarf.

(2) Die Richtlinien sind im Bundesanzeiger bekanntzumachen.

§ 106 Wirtschaftlichkeitsprüfung der kassenärztlichen Versorgung

(1) Die Krankenkassen und die Kassenärztlichen Vereinigungen überwachen die Wirtschaftlichkeit der vertragsärztlichen Versorgung.

(2) Die Wirtschaftlichkeit der Versorgung wird geprüft durch

1. arztbezogene Prüfung ärztlicher und ärztlich verordneter Leistungen nach Durchschnittswerten oder bei Überschreitung der Richtgrößenvolumen nach § 84 (Auffälligkeitsprüfung),
2. arztbezogene Prüfung ärztlicher und ärztlich verordneter Leistungen auf der Grundlage von arztbezogenen und versichertenbezogenen Stichproben, die 2 vom Hundert der Ärzte je Quartal umfassen (Zufälligkeitsprüfung). Die Vertragspartner können vereinbaren, die Stichprobe getrennt nach Arztgruppen zu ziehen.

Die Prüfungen nach Durchschnittswerten und die Zufälligkeitsprüfungen umfassen auch die Häufigkeit von Überweisungen, Krankenhauseinweisungen und Feststellungen der Arbeitsunfähigkeit. Die Landesverbände der Krankenkassen und die Verbände der Ersatzkassen können gemeinsam und einheitlich mit den Kassenärztlichen Vereinigungen über die in Satz 1 vorgesehenen Prüfungen hinaus andere arztbezogene Prüfungsarten vereinbaren; dabei dürfen versichertenbezogene Daten nur nach den Vorschriften des Zehnten Kapitels erhoben, verarbeitet oder genutzt werden. Eine erneute Prüfung nach Satz 1 Nr. 2 findet im Regelfall nicht vor Ablauf von zwei Jahren nach Einleitung dieser Prüfung statt. Soweit ärztlich verordnete Leistungen von Richtgrößenvolumen geprüft werden, werden Prüfungen nach Durchschnittswerten nicht durchgeführt.

(3) Die in Absatz 2 Satz 3 genannten Vertragspartner vereinbaren die Verfahren zur Prüfung der Wirtschaftlichkeit nach Absatz 2 gemeinsam und einheitlich. Sie haben mit der Entscheidung über die Einzelheiten der Durchführung der Prüfungen Art und Umfang der Leistungen, die in die Prüfungen einbezogen werden, zu beschränken, wenn das Ziel der Prüfung auch auf diese Weise erreicht werden kann. Der einer Prüfung nach Absatz 2 Satz 1 Nr. 2 zugrunde zu legende Zeitraum beträgt mindestens ein Jahr. Die Vereinbarung für die Prüfung bei Überschreitung der Richtgrößen nach § 84 hat einen Vomhundertsatz der Überschreitung vorzusehen, ab dem Prüfungen ohne Antragstellung durchgeführt werden, sowie einen Vomhundertsatz der Überschreitung, ab dem der Vertragsarzt den sich daraus ergebenden Mehraufwand zu erstatten hat, soweit dieser nicht durch

Praxisbesonderheiten begründet ist. Die Vertragspartner haben auch das Verfahren für die Fälle zu regeln, in denen die Krankenkasse den Versicherten nach § 64 Kosten erstattet. In den Verträgen ist auch festzulegen, unter welchen Voraussetzungen Einzelfallprüfungen durchgeführt und pauschale Honorarkürzungen vorgenommen werden. Für den Fall wiederholt festgestellter Unwirtschaftlichkeit sind pauschale Honorarkürzungen vorzusehen.

(3a) Ergeben die Prüfungen nach Absatz 2 und nach § 275 Absatz 1 Nr. 3 Buchst. b, Absatz 1a und Absatz 1b, daß ein Arzt Arbeitsunfähigkeit festgestellt hat, obwohl die medizinischen Voraussetzungen dafür nicht vorlagen, kann der Arbeitgeber, der zu Unrecht Arbeitsentgelt gezahlt hat, und die Krankenkasse, die zu Unrecht Krankengeld gezahlt hat, von dem Arzt Schadensersatz verlangen, wenn die Arbeitsunfähigkeit grob fahrlässig oder vorsätzlich festgestellt worden ist, obwohl die Voraussetzungen dafür nicht vorgelegen hatten.

(4) Die in Absatz 2 Satz 3 genannten Vertragspartner bilden bei den Kassenärztlichen Vereinigungen gemeinsame Prüfungs- und Beschwerdeausschüsse. Den Ausschüssen gehören Vertreter der Ärzte und der Krankenkassen in gleicher Zahl an. Den Vorsitz führt jährlich wechselnd ein Vertreter der Ärzte und ein Vertreter der Krankenkassen. Bei Stimmengleichheit gibt die Stimme des Vorsitzenden den Ausschlag.

(5) Der Prüfungsausschuß entscheidet auf Antrag der Krankenkasse, ihres Verbandes oder der Kassenärztlichen Vereinigung, ob der Vertragsarzt, der ermächtigte Arzt oder die ermächtigte ärztlich geleitete Einrichtung gegen das Wirtschaftlichkeitsgebot verstoßen hat und welche Maßnahmen zu treffen sind. Dabei sollen gezielte Beratungen weiterer Maßnahmen in der Regel vorangehen. Die Krankenkasse oder ihr Verband kann vor Stellung eines Antrags nach Satz 1 den Vertragsarzt mit seiner Zustimmung über die veranlaßten Leistungen, deren Kosten und über wirtschaftliche Alternativen informieren. Gegen die Entscheidungen der Prüfungsausschüsse können die betroffenen Ärzte und ärztlich geleiteten Einrichtungen, die Krankenkasse, die betroffenen Landesverbände der Krankenkassen sowie die Kassenärztlichen Vereinigungen die Beschwerdeausschüsse anrufen. Die Anrufung hat aufschiebende Wirkung. Für das Verfahren sind § 84 Abs. 1 und § 85 Abs. 3 des Sozialgerichtsgesetzes anzuwenden. Das Verfahren vor dem Beschwerdeausschuß gilt als Vorverfahren (§ 78 des Sozialgerichtsgesetzes).

(5a) Prüfungen bei Überschreitung der Richtgrößenvolumen nach § 84 Abs. 6 und 8 werden durchgeführt, wenn das Verordnungsvolumen eines Arztes in einem Kalenderjahr das Richtgrößenvolumen um mehr als 15 vom Hundert (Prüfungsvolumen) übersteigt und auf Grund der vorliegenden Daten der Prüfungsausschuss nicht davon ausgeht, dass die Überschreitung in vollem Umfang durch Praxisbesonderheiten begründet ist (Vorab-Prüfung). Die nach § 84 Abs. 6 zur Bestimmung der Richtgrößen verwendeten Maßstäbe können zur Feststellung von Praxisbesonderheiten nicht erneut herangezogen werden. Liegt das Verordnungsvolumen nur geringfügig über dem Prüfungsvolumen und stellt der Prüfungsausschuss die Unwirtschaftlichkeit der Verordnungsweise fest, bestimmt er, welche Beratungen sowie Kontrollmaßnahmen in den zwei darauf folgenden Kalenderjahren zu ergreifen sind. Bei einer Überschreitung des Richtgrößenvolumens um mehr als 25 vom Hundert hat der Vertragsarzt nach Feststellung durch den Prüfungsausschuss darüber hinaus den sich aus der Überschreitung des Prüfungsvolumens ergebenden Mehraufwand den Krankenkassen zu erstatten, soweit dieser nicht durch Praxisbesonderheiten begründet ist. Der Prüfungsausschuss kann auf Antrag den Erstattungsanspruch entsprechend § 76 Abs. 2 Nr. 1 und 3 des Vierten Buches stunden oder erlassen, soweit der Vertragsarzt nachweist, dass die Erstattung ihn wirtschaftlich gefährden würde. Der Prüfungsausschuss soll vor seinen Entscheidungen und Festsetzungen nach Satz 3 und 4 auf eine entsprechende Vereinbarung mit dem Vertragsarzt hinwirken, die im Fall von Satz 4 eine Minderung des Erstattungsbetrages um bis zu einem Fünftel zum Inhalt haben kann. Die in Absatz 2 Satz 4 genannten Vertragspartner bestimmen in Vereinbarungen nach Absatz 3 den Wert für die geringfügige Überschreitung des Prüfungsvolumens und das Verfahren der Erstattung des nach Satz 4 festgesetzten Betrages. Die Vertragspartner nach Absatz 2 Satz 4 können Abweichungen von den in Satz 1 und Satz 4 geregelten Vomhundertsätzen vereinbaren. Eine Klage gegen die Entscheidung des Beschwerdeausschusses hat keine aufschiebende Wirkung.

(6) Die Absätze 1 bis 5 gelten auch für die Prüfung der Wirtschaftlichkeit der im Krankenhaus erbrachten ambulanten ärztlichen und belegärztlichen Leistungen; § 83 Abs. 2 gilt entsprechend.

(7) – gestrichen.

Amtliche Begründung

Zu § 106

Die Änderungen haben das Ziel, eine Kumulation von Wirtschaftlichkeitsprüfungen der Ärzte zu vermeiden und die Voraussetzungen für eine sachgerechte, Praxisbesonderheiten berücksichtigende Prüfungsweise zu verbessern. Durch die Bildung gemeinsamer Prüfungsausschüsse wird eine mehrfache Prüfung des Arztes/Zahnarztes wegen gleicher Sachverhalte von Krankenkassen verschiedener Kassenarten ausgeschlossen.

Zu Abs. 1

Redaktionelle Klarstellung.

Zu Abs. 2

Die Wirtschaftlichkeitsprüfungen werden zu zwei Kategorien zusammengefaßt:

• Auffälligkeitsprüfungen werden durchgeführt, wenn der jeweils als Auffälligkeitskriterium zugrunde zu legende Wert überschritten wird: bei ärztlichen Leistungen der arztgruppenspezifische Durchschnittswert, bei ärztlich verordneten Leistungen der Durchschnittswert oder die Richtgröße nach § 84. Eine Kumulation von Durchschnitts- und Richtgrößenprüfungen bei verordneten Leistungen wird dadurch ausgeschlossen, daß bei Durchführung von Prüfungen nach Richtgrößen Durchschnittsprüfungen nicht vorgenommen werden.

• Zufälligkeitsprüfungen werden auf der Grundlage von Stichproben durchgeführt; diese können auch arztgruppenspezifisch gezogen werden. Eine Kumulation von Zufälligkeitsprüfungen wird durch die Einführung einer zweijährigen Karenzzeit ausgeschlossen.

Zu Abs. 3

Der eingefügte Satz 3 bestimmt, daß der Zufälligkeitsprüfung arzt- und versichertenbezogene Leistungsdaten für den Zeitraum mindestens eines Jahres zugrunde zu legen sind: dadurch soll ein ausreichender Beurteilungszeitraum gewährleistet werden.

Die in Satz 7 getroffene Regelung erleichtert Sanktionen für den Fall wiederholt festgestellter Unwirtschaftlichkeit.

Zu Abs. 4 Satz 1

Klarstellende Folgeänderung zu den Änderungen der Absätze 1 bis 3.

Zu Abs. 5 Satz 1
Die Einleitung von Prüfungen soll durch das Recht der Verbände der Krankenkassen, Prüfanträge zu stellen, erleichtert werden.

Zu Satz 3
Eine verbesserte Information des Arztes über die von ihm veranlaßten Leistungen und die damit verbundenen Kosten kann zu einer wirtschaftlichen Verordnungsweise beitragen. Dadurch kann häufig die Einleitung von Prüfungsverfahren vermieden werden.

Zu Abs. 5a
Durch die Regelung soll sichergestellt werden, daß die Wirtschaftlichkeitsprüfungen möglichst effektiv im Sinne einer Begrenzung der Arzneimittelausgaben der Krankenkassen wirken. Die nach § 84 Abs. 3 vereinbarten Richtgrößen können ihre Funktion als flankierende Steuerungsinstrumente zum Arzneimittelbudget oder als Alternative hierzu nur erfüllen, wenn Wirtschaftlichkeitsprüfungen ohne Antragstellung durchzuführen sind und Klagen gegen Entscheidungen des Beschwerdeausschusses keine aufschiebende Wirkung haben. Die als Schwellenwerte für die Durchführung der Prüfungen bzw. die Erstattung des Mehraufwandes vorgesehenen Vomhundertsätze sollen gewährleisten, daß die angestrebte Begrenzung der Arzneimittelausgaben der Krankenkassen erreicht wird.

Zu Absatz 7 – entfallen
Folgeänderungen zu den Änderungen der Absätze 1 bis 3.

Die wichtigsten Stellen aus dem Zehnten Sozialgesetzbuch (SGB X)

§ 12 Beteiligte

(1) Beteiligte sind

1. Antragsteller und Antragsgegner,
2. diejenigen, an die die Behörde den Verwaltungsakt richten will oder gerichtet hat,
3. diejenigen, mit denen die Behörde einen öffentlich-rechtlichen Vertrag schließen will oder geschlossen hat,
4. diejenigen, die nach Absatz 2 von der Behörde zu dem Verfahren hinzugezogen worden sind.

(2) 1Die Behörde kann von Amts wegen oder auf Antrag diejenigen, deren rechtliche Interessen durch den Ausgang des Verfahrens berührt werden können, als Beteiligte hinzuziehen. 2Hat der Ausgang des Verfahrens rechtsgestaltende Wirkung für einen Dritten, ist dieser auf Antrag als Beteiligter zu dem Verfahren hinzuzuziehen; soweit er der Behörde bekannt ist, hat diese ihn von der Einleitung des Verfahrens zu benachrichtigen.

(3) Wer anzuhören ist, ohne daß die Voraussetzungen des Absatzes 1 vorliegen, wird dadurch nicht Beteiligter.

§ 13 Bevollmächtigte und Beistände

(1) 1Ein Beteiligter kann sich durch einen Bevollmächtigten vertreten lassen. 2Die Vollmacht ermächtigt zu allen das Verwaltungsverfahren betreffenden Verfahrenshandlungen, sofern sich aus ihrem Inhalt nicht etwas anderes ergibt. 3Der Bevollmächtigte hat auf Verlangen seine Vollmacht schriftlich nachzuweisen. 4Ein Widerruf der Vollmacht wird der Behörde gegenüber erst wirksam, wenn er ihr zugeht.

(2) Die Vollmacht wird weder durch den Tod des Vollmachtgebers noch durch eine Veränderung in seiner Handlungsfähigkeit oder seiner gesetzlichen Vertretung aufgehoben; der Bevollmächtigte hat jedoch, wenn er für den Rechtsnachfolger im Verwaltungsverfahren auftritt, dessen Vollmacht auf Verlangen schriftlich beizubringen.

(3) 1Ist für das Verfahren ein Bevollmächtigter bestellt, muß sich die Behörde an ihn wenden. 2Sie kann sich an den Beteiligten selbst wenden, soweit er zur Mitwirkung verpflichtet ist. 3Wendet sich die Behörde an den Beteiligten, muß der Bevollmächtigte verständigt

werden. 4Vorschriften über die Zustellung an Bevollmächtigte bleiben unberührt.

(4) 1Ein Beteiligter kann zu Verhandlungen und Besprechungen mit einem Beistand erscheinen. 2Das von dem Beistand Vorgetragene gilt als von dem Beteiligten vorgebracht, soweit dieser nicht unverzüglich widerspricht.

(5) 1Bevollmächtigte und Beistände sind zurückzuweisen, wenn sie geschäftsmäßig fremde Rechtsangelegenheiten besorgen, ohne dazu befugt zu sein. 2Befugt im Sinne des Satzes 1 sind auch die in § 73 Abs. 6 Satz 3 SGG bezeichneten Personen, sofern sie kraft Satzung oder Vollmacht zur Vertretung im Verwaltungsverfahren ermächtigt sind.

(6) 1Bevollmächtigte und Beistände können vom schriftlichen Vortrag zurückgewiesen werden, wenn sie hierzu ungeeignet sind; vom mündlichen Vortrag können sie zurückgewiesen werden, wenn sie zum sachgemäßen Vortrag nicht fähig sind. 2Nicht zurückgewiesen werden können Personen, die zur geschäftsmäßigen Besorgung fremder Rechtsangelegenheiten befugt sind.

(7) 1Die Zurückweisung nach den Absätzen 5 und 6 ist auch dem Beteiligten, dessen Bevollmächtigter oder Beistand zurückgewiesen wird, schriftlich mitzuteilen. 2Verfahrenshandlungen des zurückgewiesenen Bevollmächtigten oder Beistandes, die dieser nach der Zurückweisung vornimmt, sind unwirksam.

§ 14 Bestellung eines Empfangsbevollmächtigten

1Ein Beteiligter ohne Wohnsitz oder gewöhnlichen Aufenthalt, Sitz oder Geschäftsleitung im Geltungsbereich dieses Gesetzbuchs hat der Behörde auf Verlangen innerhalb einer angemessenen Frist einen Empfangsbevollmächtigten im Geltungsbereich dieses Gesetzbuchs zu benennen. 2Unterläßt er dies, gilt ein an ihn gerichtetes Schriftstück am 7. Tag nach der Aufgabe zur Post als zugegangen, es sei denn, daß feststeht, daß das Schriftstück den Empfänger nicht oder zu einem späteren Zeitpunkt erreicht hat. 3Auf die Rechtsfolgen der Unterlassung ist der Beteiligte hinzuweisen.

§ 15 Bestellung eines Vertreters von Amts wegen

(1) Ist ein Vertreter nicht vorhanden, hat das Vormundschaftsgericht auf Ersuchen der Behörde einen geeigneten Vertreter zu bestellen

1. für einen Beteiligten, dessen Person unbekannt ist,

2. für einen abwesenden Beteiligten, dessen Aufenthalt unbekannt ist oder der an der Besorgung seiner Angelegenheiten verhindert ist,

3. für einen Beteiligten ohne Aufenthalt im Geltungsbereich dieses Gesetzbuchs, wenn er der Aufforderung der Behörde, einen Vertreter zu bestellen, innerhalb der ihm gesetzten Frist nicht nachgekommen ist,

4. für einen Beteiligten, der infolge einer psychischen Krankheit oder körperlichen, geistigen oder seelischen Behinderung nicht in der Lage ist, in dem Verwaltungsverfahren selbst tätig zu werden.

(2) Für die Bestellung des Vertreters ist in den Fällen des Absatzes 1 Nr. 4 das Vormundschaftsgericht zuständig, in dessen Bezirk der Beteiligte seinen gewöhnlichen Aufenthalt hat; im übrigen ist das Vormundschaftsgericht zuständig, in dessen Bezirk die ersuchende Behörde ihren Sitz hat.

(3) 1Der Vertreter hat gegen den Rechtsträger der Behörde, die um seine Bestellung ersucht hat, Anspruch auf eine angemessene Vergütung und auf die Erstattung seiner baren Auslagen. 2Die Behörde kann von dem Vertretenen Ersatz ihrer Aufwendungen verlangen. 3Sie bestimmt die Vergütung und stellt die Auslagen und Aufwendungen fest.

(4) Im übrigen gelten für die Bestellung und für das Amt des Vertreters in den Fällen des Absatzes 1 Nr. 4 die Vorschriften über die Betreuung, in den übrigen Fällen die Vorschriften über die Pflegschaft entsprechend.

§ 16 Ausgeschlossene Personen

(1) 1In einem Verwaltungsverfahren darf für eine Behörde nicht tätig werden,

1. wer selbst Beteiligter ist,

2. wer Angehöriger eines Beteiligten ist,

3. wer einen Beteiligten kraft Gesetzes oder Vollmacht allgemein oder in diesem Verwaltungsverfahren vertritt oder als Beistand zugezogen ist,

4. wer Angehöriger einer Person ist, die einen Beteiligten in diesem Verfahren vertritt,

5. wer bei einem Beteiligten gegen Entgelt beschäftigt ist oder bei ihm als Mitglied des Vorstandes, des Aufsichtsrates oder eines gleichartigen Organs tätig ist; dies gilt nicht für den, dessen Anstellungskörperschaft Beteiligte ist, und nicht für Beschäftigte bei Betriebskrankenkassen,

6. wer außerhalb seiner amtlichen Eigenschaft in der Angelegenheit ein Gutachten abgegeben hat oder sonst tätig geworden ist.

2Dem Beteiligten steht gleich, wer durch die Tätigkeit oder durch die Entscheidung einen unmittelbaren Vorteil oder Nachteil erlangen kann. 3Dies gilt nicht, wenn der Vor- oder Nachteil nur darauf beruht, daß jemand einer Berufs- oder Bevölkerungsgruppe angehört, deren gemeinsame Interessen durch die Angelegenheit berührt werden.

(2) 1Absatz 1 gilt nicht für Wahlen zu einer ehrenamtlichen Tätigkeit und für die Abberufung von ehrenamtlich Tätigen. 2Absatz 1 Nr. 3 und 5 gilt auch nicht für das Verwaltungsverfahren auf Grund der Beziehungen zwischen Ärzten, Zahnärzten und Krankenkassen.

(3) Wer nach Absatz 1 ausgeschlossen ist, darf bei Gefahr im Verzug unaufschiebbare Maßnahmen treffen.

(4) 1Hält sich ein Mitglied eines Ausschusses oder Beirats für ausgeschlossen oder bestehen Zweifel, ob die Voraussetzungen des Absatzes 1 gegeben sind, ist dies dem Ausschuß oder Beirat mitzuteilen. 2Der Ausschuß oder Beirat entscheidet über den Ausschluß. 3Der Betroffene darf an dieser Entscheidung nicht mitwirken. 4Das ausgeschlossene Mitglied darf bei der weiteren Beratung und Beschlußfassung nicht zugegen sein.

(5) 1Angehörige im Sinne des Absatzes 1 Nr. 2 und 4 sind

1. der Verlobte,
2. der Ehegatte,
3. Verwandte und Verschwägerte gerader Linie,
4. Geschwister,
5. Kinder der Geschwister,
6. Ehegatten der Geschwister und Geschwister der Ehegatten,
7. Geschwister der Eltern,
8. Personen, die durch ein auf längere Dauer angelegtes Pflegeverhältnis mit häuslicher Gemeinschaft wie Eltern und Kind miteinander verbunden sind (Pflegeeltern und Pflegekinder).

2Angehörige sind die in Satz 1 aufgeführten Personen auch dann, wenn

1. in den Fällen der Nummern 2, 3 und 6 die die Beziehung begründende Ehe nicht mehr besteht,
2. in den Fällen der Nummern 3 bis 7 die Verwandtschaft oder Schwägerschaft durch Annahme als Kind erloschen ist,

3. im Falle der Nummer 8 die häusliche Gemeinschaft nicht mehr besteht, sofern die Personen weiterhin wie Eltern und Kind miteinander verbunden sind.

§ 17 Besorgnis der Befangenheit

(1) 1Liegt ein Grund vor, der geeignet ist, Mißtrauen gegen eine unparteiische Amtsausübung zu rechtfertigen, oder wird von einem Beteiligten das Vorliegen eines solchen Grundes behauptet, hat, wer in einem Verwaltungsverfahren für eine Behörde tätig werden soll, den Leiter der Behörde oder den von diesem Beauftragten zu unterrichten und sich auf dessen Anordnung der Mitwirkung zu enthalten. 2Betrifft die Besorgnis der Befangenheit den Leiter der Behörde, trifft diese Anordnung die Aufsichtsbehörde, sofern sich der Behördenleiter nicht selbst einer Mitwirkung enthält. 3Bei den Geschäftsführern der Versicherungsträger und beim Präsidenten der BA tritt an die Stelle der Aufsichtsbehörden der Vorstand.

(2) Für Mitglieder eines Ausschusses oder Beirats gilt § 16 Abs. 4 entsprechend.

§ 24 Anhörung Beteiligter

(1) Bevor ein Verwaltungsakt erlassen wird, der in Rechte eines Beteiligten eingreift, ist diesem Gelegenheit zu geben, sich zu den für die Entscheidung erheblichen Tatsachen zu äußern.

(2) Von der Anhörung kann abgesehen werden, wenn

1. eine sofortige Entscheidung wegen Gefahr im Verzug oder im öffentlichen Interesse notwendig erscheint,
2. durch die Anhörung die Einhaltung einer für die Entscheidung maßgeblichen Frist in Frage gestellt würde,
3. von den tatsächlichen Angaben eines Beteiligten, die dieser in einem Antrag oder einer Erklärung gemacht hat, nicht zu seinen Ungunsten abgewichen werden soll,
4. Allgemeinverfügungen oder gleichartige Verwaltungsakte in größerer Zahl erlassen werden sollten,
   Nummern 5 und 6 geändert und Nummer 7 angefügt durch G vom 13.6.1994 (BGBl I S. 1229).
5. einkommensabhängige Leistungen den geänderten Verhältnissen angepaßt werden sollen,
6. Maßnahmen in der Verwaltungsvollstreckung getroffen werden sollen oder

7. gegen Ansprüche oder mit Ansprüchen von weniger als 100 DM aufgerechnet oder verrechnet werden soll; Nummer 5 bleibt unberührt.

§ 25 Akteneinsicht durch Beteiligte

(1) ₁Die Behörde hat den Beteiligten Einsicht in die das Verfahren betreffenden Akten zu gestatten, soweit deren Kenntnis zur Geltendmachung oder Verteidigung ihrer rechtlichen Interessen erforderlich ist. ₂Satz 1 gilt bis zum Abschluß des Verwaltungsverfahrens nicht für Entwürfe zu Entscheidungen sowie die Arbeiten zu ihrer unmittelbaren Vorbereitung.

(2) ₁Soweit die Akten Angaben über gesundheitliche Verhältnisse eines Beteiligten enthalten, kann die Behörde statt dessen den Inhalt der Akten dem Beteiligten durch einen Arzt vermitteln lassen. ₂Sie soll den Inhalt der Akten durch einen Arzt vermitteln lassen, soweit zu befürchten ist, daß die Akteneinsicht dem Beteiligten einen unverhältnismäßigen Nachteil, insbesondere an der Gesundheit, zufügen würde. ₃Soweit die Akten Angaben enthalten, die die Entwicklung und Entfaltung der Persönlichkeit des Beteiligten beeinträchtigen können, gelten die Sätze 1 und 2 mit der Maßgabe entsprechend, daß der Inhalt der Akten auch durch einen Bediensteten der Behörde vermittelt werden kann, der durch Vorbildung sowie Lebens- und Berufserfahrung dazu geeignet und befähigt ist. ₄Das Recht nach Absatz 1 wird nicht beschränkt.

(3) Die Behörde ist zur Gestattung der Akteneinsicht nicht verpflichtet, soweit die Vorgänge wegen der berechtigten Interessen der Beteiligten oder dritter Personen geheimgehalten werden müssen.

(4) ₁Die Akteneinsicht erfolgt bei der Behörde, die die Akten führt. ₂Im Einzelfall kann die Einsicht auch bei einer anderen Behörde oder bei einer diplomatischen oder berufskonsularischen Vertretung der Bundesrepublik Deutschland im Ausland erfolgen; weitere Ausnahmen kann die Behörde, die die Akten führt, gestatten.

(5) ₁Soweit die Akteneinsicht zu gestatten ist, können die Beteiligten Auszüge oder Abschriften selbst fertigen oder sich Ablichtungen durch die Behörde erteilen lassen. ₂Die Behörde kann Ersatz ihrer Aufwendungen in angemessenem Umfang verlangen.

Verwaltungsakt

Erster Titel
Zustandekommen des Verwaltungsaktes

§ 31 Begriff des Verwaltungsaktes

1Verwaltungsakt ist jede Verfügung, Entscheidung oder andere hoheitliche Maßnahme, die eine Behörde zur Regelung eines Einzelfalles auf dem Gebiet des öffentlichen Rechts trifft und die auf unmittelbare Rechtswirkung nach außen gerichtet ist. 2Allgemeinverfügung ist ein Verwaltungsakt, der sich an einem nach allgemeinen Merkmalen bestimmten oder bestimmbaren Personenkreis richtet oder die öffentlich-rechtliche Eigenschaft einer Sache oder ihre Benutzung durch die Allgemeinheit betrifft.

§ 32 Nebenbestimmungen zum Verwaltungsakt

(1) Ein Verwaltungsakt, auf den ein Anspruch besteht, darf mit einer Nebenbestimmung nur versehen werden, wenn sie durch Rechtsvorschrift zugelassen ist oder wenn sie sicherstellen soll, daß die gesetzlichen Voraussetzungen des Verwaltungsaktes erfüllt werden.

(2) Unbeschadet des Absatzes 1 darf ein Verwaltungsakt nach pflichtgemäßem Ermessen erlassen werden mit

1. einer Bestimmung, nach der eine Vergünstigung oder Belastung zu einem bestimmten Zeitpunkt beginnt, endet oder für einen bestimmten Zeitraum gilt (Befristung),
2. einer Bestimmung, nach der der Eintritt oder der Wegfall einer Vergünstigung oder einer Belastung von dem ungewissen Eintritt eines zukünftigen Ereignisses abhängt (Bedingung),
3. einem Vorbehalt des Widerrufs

oder verbunden werden mit

4. einer Bestimmung, durch die dem Begünstigten ein Tun, Dulden oder Unterlassen vorgeschrieben wird (Auflage),
5. einem Vorbehalt der nachträglichen Aufnahme, Änderung oder Ergänzung einer Auflage.

(3) Eine Nebenbestimmung darf dem Zweck des Verwaltungsaktes nicht zuwiderlaufen.

§ 33 Bestimmtheit und Form des Verwaltungsaktes

(1) Ein Verwaltungsakt muß inhaltlich hinreichend bestimmt sein.

(2) ₁Ein Verwaltungsakt kann schriftlich, mündlich oder in anderer Weise erlassen werden. ₂Ein mündlicher Verwaltungsakt ist schriftlich zu bestätigen, wenn hieran ein berechtigtes Interesse besteht und der Betroffene dies unverzüglich verlangt.

(3) Ein schriftlicher Verwaltungsakt muß die erlassende Behörde erkennen lassen und die Unterschrift oder die Namenswiedergabe des Behördenleiters, seines Vertreters oder seines Beauftragten enthalten.

(4) ₁Bei einem schriftlichen Verwaltungsakt, der mit Hilfe automatischer Einrichtungen erlassen wird, können abweichend von Absatz 3 Unterschrift und Namenswiedergabe fehlen. ₂Zur Inhaltsangabe können Schlüsselzeichen verwendet werden, wenn derjenige, für den der Verwaltungsakt bestimmt ist oder der von ihm betroffen wird, auf Grund der dazu gegebenen Erläuterungen den Inhalt des Verwaltungsaktes eindeutig erkennen kann.

§ 34 Zusicherung

(1) ₁Eine von der zuständigen Behörde erteilte Zusage, einen bestimmten Verwaltungsakt später zu erlassen oder zu unterlassen (Zusicherung), bedarf zu ihrer Wirksamkeit der schriftlichen Form. ₂Ist vor dem Erlaß des zugesicherten Verwaltungsaktes die Anhörung Beteiligter oder die Mitwirkung einer anderen Behörde oder eines Ausschusses auf Grund einer Rechtsvorschrift erforderlich, darf die Zusicherung erst nach Anhörung der Beteiligten oder nach Mitwirkung dieser Behörde oder des Ausschusses gegeben werden.

(2) Auf die Unwirksamkeit der Zusicherung finden, unbeschadet des Absatzes 1 Satz 1, § 40, auf Heilung von Mängeln bei der Anhörung Beteiligter und der Mitwirkung anderer Behörden oder Ausschüsse § 41 Abs. 1 Nr. 3 bis 6 sowie Abs. 2, auf die Rücknahme §§ 44 und 45, auf den Widerruf, unbeschadet des Absatzes 3, §§ 46 und 47 entsprechende Anwendung.

(3) Ändert sich nach Abgabe der Zusicherung die Sach- oder Rechtslage derart, daß die Behörde bei Kenntnis der nachträglich eingetretenen Änderung die Zusicherung nicht gegeben hätte oder aus rechtlichen Gründen nicht hätte geben dürfen, ist die Behörde an die Zusicherung nicht mehr gebunden.

§ 35 Begründung des Verwaltungsaktes

(1) 1Ein schriftlicher oder schriftlich bestätigter Verwaltungsakt ist schriftlich zu begründen. 2In der Begründung sind die wesentlichen tatsächlichen und rechtlichen Gründe mitzuteilen, die die Behörde zu ihrer Entscheidung bewogen haben. 3Die Begründung von Ermessensentscheidungen muß auch die Gesichtspunkte erkennen lassen, von denen die Behörde bei der Ausübung ihres Ermessens ausgegangen ist.

(2) Einer Begründung bedarf es nicht,

1. soweit die Behörde einem Antrag entspricht oder einer Erklärung folgt und der Verwaltungsakt nicht in Rechte eines anderen eingreift,

2. soweit demjenigen, für den der Verwaltungsakt bestimmt ist oder der von ihm betroffen wird, die Auffassung der Behörde über die Sach- und Rechtslage bereits bekannt oder auch ohne schriftliche Begründung für ihn ohne weiteres erkennbar ist,

3. wenn die Behörde gleichartige Verwaltungsakte in größerer Zahl oder Verwaltungsakte mit Hilfe automatischer Einrichtungen erläßt und die Begründung nach den Umständen des Einzelfalles nicht geboten ist,

4. wenn sich dies aus einer Rechtsvorschrift ergibt,

5. wenn eine Allgemeinverfügung öffentlich bekanntgegeben wird.

(3) In den Fällen des Absatzes 2 Nr. 1 bis 3 ist der Verwaltungsakt schriftlich zu begründen, wenn der Beteiligte, dem der Verwaltungsakt bekanntgegeben ist, es innerhalb 1 Jahres seit Bekanntgabe verlangt.

§ 36 Rechtsbehelfsbelehrung

Erläßt die Behörde einen schriftlichen Verwaltungsakt oder bestätigt sie schriftlich einen Verwaltungsakt, ist der durch ihn beschwerte Beteiligte über den Rechtsbehelf und die Behörde oder das Gericht, bei denen der Rechtsbehelf anzubringen ist, deren Sitz, die einzuhaltende Frist und die Form schriftlich zu belehren.

§ 37 Bekanntgabe des Verwaltungsaktes

(1) 1Ein Verwaltungsakt ist demjenigen Beteiligten bekanntzugeben, für den er bestimmt ist oder der von ihm betroffen wird. 2Ist ein Bevollmächtigter bestellt, kann die Bekanntgabe ihm gegenüber vorgenommen werden.

(2) Ein schriftlicher Verwaltungsakt, der durch die Post im Geltungsbereich dieses Gesetzbuchs übermittelt wird, gilt mit dem 3. Tag nach der Aufgabe zur Post als bekanntgegeben, außer wenn er nicht oder zu einem späteren Zeitpunkt zugegangen ist; im Zweifel hat die Behörde den Zugang des Verwaltungsaktes und den Zeitpunkt des Zugangs nachzuweisen.

(3) ₁Ein Verwaltungsakt darf öffentlich bekanntgegeben werden, wenn dies durch Rechtsvorschrift zugelassen ist. ₂Eine Allgemeinverfügung darf auch dann öffentlich bekanntgegeben werden, wenn eine Bekanntgabe an die Beteiligten untunlich ist.

(4) ₁Die öffentliche Bekanntgabe eines schriftlichen Verwaltungsaktes wird dadurch bewirkt, daß sein verfügender Teil in der jeweils vorgeschriebenen Weise entweder ortsüblich oder in der sonst für amtliche Veröffentlichungen vorgeschriebenen Art bekanntgemacht wird. ₂In der Bekanntmachung ist anzugeben, wo der Verwaltungsakt und seine Begründung eingesehen werden können. ₃Der Verwaltungsakt gilt 2 Wochen nach der Bekanntmachung als bekanntgegeben. ₄In einer Allgemeinverfügung kann ein hiervon abweichender Tag, jedoch frühestens der auf die Bekanntmachung folgende Tag bestimmt werden.

(5) Vorschriften über die Bekanntgabe eines Verwaltungsaktes mittels Zustellung bleiben unberührt.

§ 38 Offenbare Unrichtigkeiten im Verwaltungsakt

₁Die Behörde kann Schreibfehler, Rechenfehler und ähnliche offenbare Unrichtigkeiten in einem Verwaltungsakt jederzeit berichtigen. ₂Bei berechtigtem Interesse des Beteiligten ist zu berichtigen. ₃Die Behörde ist berechtigt, die Vorlage des Schriftstückes zu verlangen, das berichtigt werden soll.

Zweiter Titel
Bestandskraft des Verwaltungsaktes

§ 39 Wirksamkeit des Verwaltungsaktes

(1) ₁Ein Verwaltungsakt wird gegenüber demjenigen, für den er bestimmt ist oder der von ihm betroffen wird, in dem Zeitpunkt wirksam, in dem er ihm bekanntgegeben wird. ₂Der Verwaltungsakt wird mit dem Inhalt wirksam, mit dem er bekanntgegeben wird.

(2) Ein Verwaltungsakt bleibt wirksam, solange und soweit er nicht zurückgenommen, widerrufen, anderweitig aufgehoben oder durch Zeitablauf oder auf andere Weise erledigt ist.

(3) Ein nichtiger Verwaltungsakt ist unwirksam.

§ 40 Nichtigkeit des Verwaltungsaktes

(1) Ein Verwaltungsakt ist nichtig, soweit er an einem besonders schwerwiegenden Fehler leidet und dies bei verständiger Würdigung aller in Betracht kommenden Umstände offenkundig ist.

(2) Ohne Rücksicht auf das Vorliegen der Voraussetzungen des Absatzes 1 ist ein Verwaltungsakt nichtig,

1. der schriftlich erlassen worden ist, die erlassende Behörde aber nicht erkennen läßt,
2. der nach einer Rechtsvorschrift nur durch die Aushändigung einer Urkunde erlassen werden kann, aber dieser Form nicht genügt,
3. den aus tatsächlichen Gründen niemand ausführen kann,
4. der die Begehung einer rechtswidrigen Tat verlangt, die einen Straf- oder Bußgeldtatbestand verwirklicht,
5. der gegen die guten Sitten verstößt.

(3) Ein Verwaltungsakt ist nicht schon deshalb nichtig, weil

1. Vorschriften über die örtliche Zuständigkeit nicht eingehalten worden sind,
2. eine nach § 16 Abs. 1 Satz 1 Nr. 2 bis 6 ausgeschlossene Person mitgewirkt hat,
3. ein durch Rechtsvorschrift zur Mitwirkung berufener Ausschuß den für den Erlaß des Verwaltungsaktes vorgeschriebenen Beschluß nicht gefaßt hat oder nicht beschlußfähig war,
4. die nach einer Rechtsvorschrift erforderliche Mitwirkung einer anderen Behörde unterblieben ist.

(4) Betrifft die Nichtigkeit nur einen Teil des Verwaltungsaktes, ist er im ganzen nichtig, wenn der nichtige Teil so wesentlich ist, daß die Behörde den Verwaltungsakt ohne den nichtigen Teil nicht erlassen hätte.

(5) Die Behörde kann die Nichtigkeit jederzeit von Amts wegen feststellen; auf Antrag ist sie festzustellen, wenn der Antragsteller hieran ein berechtigtes Interesse hat.

§ 41 Heilung von Verfahrens- und Formfehlern

(1) Eine Verletzung von Verfahrens- oder Formvorschriften, die nicht den Verwaltungsakt nach § 40 nichtig macht, ist unbeachtlich, wenn

1. der für den Erlaß des Verwaltungsaktes erforderliche Antrag nachträglich gestellt wird,
2. die erforderliche Begründung nachträglich gegeben wird,
3. die erforderliche Anhörung eines Beteiligten nachgeholt wird,
4. der Beschluß eines Ausschusses, dessen Mitwirkung für den Erlaß des Verwaltungsaktes erforderlich ist, nachträglich gefaßt wird,
5. die erforderliche Mitwirkung einer anderen Behörde nachgeholt wird,
6. die erforderliche Hinzuziehung eines Beteiligten nachgeholt wird.

(2) Handlungen nach Absatz 1 Nr. 2 bis 6 dürfen nur bis zum Abschluß eines Vorverfahrens oder, falls ein Vorverfahren nicht stattfindet, bis zur Erhebung der Klage nachgeholt werden.

(3) ₁Fehlt einem Verwaltungsakt die erforderliche Begründung oder ist die erforderliche Anhörung eines Beteiligten vor Erlaß des Verwaltungsaktes unterblieben und ist dadurch die rechtzeitige Anfechtung des Verwaltungsaktes versäumt worden, gilt die Versäumung der Rechtsbehelfsfrist als nicht verschuldet. ₂Das für die Wiedereinsetzungsfrist maßgebende Ereignis tritt im Zeitpunkt der Nachholung der unterlassenen Verfahrensbehandlung ein.

§ 42 Folgen von Verfahrens- und Formfehlern

₁Die Aufhebung eines Verwaltungsaktes, der nicht nach § 40 nichtig ist, kann nicht allein deshalb beansprucht werden, weil er unter Verletzung von Vorschriften über das Verfahren, die Form oder die örtliche Zuständigkeit zustande gekommen ist, wenn keine andere Entscheidung in der Sache hätte getroffen werden können. ₂Satz 1 gilt nicht, wenn die erforderliche Anhörung unterblieben oder nicht wirksam nachgeholt ist.

§ 43 Umdeutung eines fehlerhaften Verwaltungsaktes

(1) Ein fehlerhafter Verwaltungsakt kann in einen anderen Verwaltungsakt umgedeutet werden, wenn er auf das gleiche Ziel gerichtet ist, von der erlassenden Behörde in der geschehenen Verfahrensweise und Form rechtmäßig hätte erlassen werden können und wenn die Voraussetzungen für dessen Erlaß erfüllt sind.

(2) ₁Absatz 1 gilt nicht, wenn der Verwaltungsakt, in den der fehlerhafte Verwaltungsakt umzudeuten wäre, der erkennbaren Absicht der erlassenden Behörde widerspräche oder seine Rechtsfolgen für den Betroffenen ungünstiger wären als die des fehlerhaften Verwaltungsaktes. ₂Eine Umdeutung ist ferner unzulässig, wenn der fehlerhafte Verwaltungsakt nicht zurückgenommen werden dürfte.

(3) Eine Entscheidung, die nur als gesetzlich gebundene Entscheidung ergehen kann, kann nicht in eine Ermessensentscheidung umgedeutet werden.

(4) § 24 ist entsprechend anzuwenden.

§ 44 Rücknahme eines rechtswidrigen nicht begünstigenden Verwaltungsaktes

(1) ₁Soweit sich im Einzelfall ergibt, daß bei Erlaß eines Verwaltungsaktes das Recht unrichtig angewandt oder von einem Sachverhalt ausgegangen worden ist, der sich als unrichtig erweist, und soweit deshalb Sozialleistungen zu Unrecht nicht erbracht oder Beiträge zu Unrecht erhoben worden sind, ist der Verwaltungsakt, auch nachdem er unanfechtbar geworden ist, mit Wirkung für die Vergangenheit zurückzunehmen. ₂Dies gilt nicht, wenn der Verwaltungsakt auf Angaben beruht, die der Betroffene vorsätzlich in wesentlicher Beziehung unrichtig oder unvollständig gemacht hat.

(2) ₁Im übrigen ist ein rechtswidriger nicht begünstigender Verwaltungsakt, auch nachdem er unanfechtbar geworden ist, ganz oder teilweise mit Wirkung für die Zukunft zurückzunehmen. ₂Er kann auch für die Vergangenheit zurückgenommen werden.

(3) Über die Rücknahme entscheidet nach Unanfechtbarkeit des Verwaltungsaktes die zuständige Behörde; dies gilt auch dann, wenn der zurücknehmende Verwaltungsakt von einer anderen Behörde erlassen worden ist.

(4) ₁Ist ein Verwaltungsakt mit Wirkung für die Vergangenheit zurückgenommen worden, werden Sozialleistungen nach den Vorschriften der besonderen Teile dieses Gesetzbuchs längstens für einen Zeitraum bis zu 4 Jahren vor der Rücknahme erbracht. ₂Dabei wird der Zeitpunkt der Rücknahme von Beginn des Jahres an gerechnet, in dem der Verwaltungsakt zurückgenommen wird. ₃Erfolgt die Rücknahme auf Antrag, tritt bei der Berechnung des Zeitraumes, für den rückwirkend Leistungen zu erbringen sind, anstelle der Rücknahme der Antrag.

§ 45 Rücknahme eines rechtswidrigen begünstigenden Verwaltungsaktes

(1) Soweit ein Verwaltungsakt, der ein Recht oder einen rechtlich erheblichen Vorteil begründet oder bestätigt hat (begünstigender Verwaltungsakt), rechtswidrig ist, darf er, auch nachdem er unanfechtbar geworden ist, nur unter den Einschränkungen der Absätze 2 bis 4 ganz oder teilweise mit Wirkung für die Zukunft oder für die Vergangenheit zurückgenommen werden.

(2) ₁Ein rechtswidriger begünstigender Verwaltungsakt darf nicht zurückgenommen werden, soweit der Begünstigte auf den Bestand des Verwaltungsaktes vertraut hat und sein Vertrauen unter Abwägung mit dem öffentlichen Interesse an einer Rücknahme schutzwürdig ist. ₂Das Vertrauen ist in der Regel schutzwürdig, wenn der Begünstigte erbrachte Leistungen verbraucht oder eine Vermögensdisposition getroffen hat, die er nicht mehr oder nur unter unzumutbaren Nachteilen rückgängig machen kann. ₃Auf Vertrauen kann sich der Begünstigte nicht berufen, soweit

1. er den Verwaltungsakt durch arglistige Täuschung, Drohung oder Bestechung erwirkt hat,
2. der Verwaltungsakt auf Angaben beruht, die der Begünstigte vorsätzlich oder grob fahrlässig in wesentlicher Beziehung unrichtig oder unvollständig gemacht hat, oder
3. er die Rechtswidrigkeit des Verwaltungsaktes kannte oder infolge grober Fahrlässigkeit nicht kannte; große Fahrlässigkeit liegt vor, wenn der Begünstigte die erforderliche Sorgfalt in besonders schwerem Maße verletzt hat.

(3) ₁Ein rechtswidriger begünstigender Verwaltungsakt mit Dauerwirkung kann nach Absatz 2 nur bis zum Ablauf von 2 Jahren nach seiner Bekanntgabe zurückgenommen werden. ₂Satz 1 gilt nicht, wenn Wiederaufnahmegründe entsprechend § 580 ZPO vorliegen. ₃Bis zum Ablauf von 10 Jahren nach seiner Bekanntgabe kann ein rechtswidriger begünstigender Verwaltungsakt mit Dauerwirkung nach Absatz 2 zurückgenommen werden, wenn

1. die Voraussetzungen des Absatzes 2 Satz 3 Nr. 2 oder 3 gegeben sind oder
2. der Verwaltungsakt mit einem zulässigen Vorbehalt des Widerrufs erlassen wurde.

(4) ₁Nur in den Fällen von Absatz 2 Satz 3 und Absatz 3 Satz 2 wird der Verwaltungsakt mit Wirkung für die Vergangenheit zurückge-

nommen. 2Die Behörde muß dies innerhalb 1 Jahres seit Kenntnis der Tatsachen tun, welche die Rücknahme eines rechtswidrigen begünstigenden Verwaltungsaktes für die Vergangenheit rechtfertigen.

(5) § 44 Abs. 3 gilt entsprechend.

§ 46 Widerruf eines rechtmäßigen nicht begünstigenden Verwaltungsaktes

(1) Ein rechtmäßiger nicht begünstigender Verwaltungsakt kann, auch nachdem er unanfechtbar geworden ist, ganz oder teilweise mit Wirkung für die Zukunft widerrufen werden, außer wenn ein Verwaltungsakt gleichen Inhalts erneut erlassen werden müßte oder aus anderen Gründen ein Widerruf unzulässig ist.

(2) § 44 Abs. 3 gilt entsprechend.

§ 47 Widerruf eines rechtmäßigen begünstigenden Verwaltungsaktes

(1) Ein rechtmäßiger begünstigender Verwaltungsakt darf, auch nachdem er unanfechtbar geworden ist, ganz oder teilweise mit Wirkung für die Zukunft nur widerrufen werden, soweit

1. der Widerruf durch Rechtsvorschrift zugelassen oder im Verwaltungsakt vorbehalten ist,

2. mit dem Verwaltungsakt eine Auflage verbunden ist und der Begünstigte diese nicht oder nicht innerhalb einer ihm gesetzten Frist erfüllt hat.

(2) 1Ein rechtmäßiger begünstigender Verwaltungsakt, der eine Geld- oder Sachleistung zur Erfüllung eines bestimmten Zweckes zuerkennt oder hierfür Voraussetzung ist, kann, auch nachdem er unanfechtbar geworden ist, ganz oder teilweise auch mit Wirkung für die Vergangenheit widerrufen werden, wenn

1. die Leistung nicht, nicht alsbald nach der Erbringung oder nicht mehr für den in dem Verwaltungsakt bestimmten Zweck verwendet wird,

2. mit dem Verwaltungsakt eine Auflage verbunden ist und der Begünstigte diese nicht oder nicht innerhalb einer ihm gesetzten Frist erfüllt hat.

Die wichtigsten Fundstellen aus dem Sozialgerichtsgesetz (SGG)

§ 85 Abhilfe, Widerspruchsbescheid

(1) Wird der Widerspruch für begründet erachtet, so ist ihm abzuhelfen.

(2) Wird dem Widerspruch nicht abgeholfen, so erläßt den Widerspruchsbescheid

1. die nächsthöhere Behörde oder, wenn diese eine oberste Bundes- oder eine oberste Landesbehörde ist, die Behörde, die den Verwaltungsakt erlassen hat,
2. in Angelegenheiten der Sozialversicherung die von der Vertreterversammlung bestimmte Stelle,
3. in Angelegenheiten der Bundesanstalt für Arbeit die von dem Verwaltungsrat bestimmte Stelle.

(3) Der Widerspruchsbescheid ist schriftlich zu erlassen, zu begründen und den Beteiligten zuzustellen. Die Beteiligten sind hierbei über die Zulässigkeit der Klage, die einzuhaltende Frist und den Sitz des zuständigen Gerichts zu belehren.

(4) Will in den Fällen des Absatzes 2 Nr. 2 die von der Vertreterversammlung bestimmte Stelle dem Widerspruch nicht stattgeben, so kann sie den Widerspruch dem zuständigen Sozialgericht als Klage zuleiten, wenn der Widerspruchsführer vorher schriftlich zustimmt.

Vierter Unterabschnitt. Verfahren im ersten Rechtszug

§ 87 Klagefrist

(1) Die Klage ist binnen eines Monats nach Zustellung oder, wenn nicht zugestellt wird, nach Bekanntgabe des Verwaltungsakts zu erheben. Die Frist beträgt bei Zustellung oder Bekanntgabe außerhalb des Geltungsbereichs dieses Gesetzes drei Monate.

(2) Hat ein Vorverfahren stattgefunden, so beginnt die Frist mit der Zustellung des Widerspruchsbescheids.

§ 143 Statthaftigkeit der Berufung

Gegen die Urteile der Sozialgerichte findet die Berufung an das Landessozialgericht statt, soweit sich aus den Vorschriften dieses Unterabschnitts nichts anderes ergibt.

§ 150 Zulässigkeit der Berufung trotz Ausschluß

Die Berufung ist ungeachtet der §§ 144 bis 149 zulässig,

1. wenn das Sozialgericht sie im Urteil zugelassen hat; sie ist zuzulassen, wenn die Rechtssache grundsätzliche Bedeutung hat oder wenn das Urteil von einer Entscheidung eines Landessozialgerichts, des Bundessozialgerichts oder des Gemeinsamen Senats der obersten Gerichtshöfe des Bundes abweicht und auf dieser Abweichung beruht;
2. wenn ein wesentlicher Mangel des Verfahrens gerügt wird;
3. wenn der ursächliche Zusammenhang einer Gesundheitsstörung oder des Todes mit einem Arbeitsunfall oder einer Berufskrankheit oder einer Schädigung im Sinne des Bundesversorgungsgesetzes streitig ist oder das Sozialgericht eine Gesundheitsstörung nicht als feststellbar erachtet hat.

§ 151 Berufungseinlegung, Frist, Form

(1) Die Berufung ist bei dem Landessozialgericht innerhalb eines Monats nach Zustellung des Urteils schriftlich oder zur Niederschrift des Urkundsbeamten der Geschäftsstelle einzulegen.

(2) Die Berufungsfrist ist auch gewahrt, wenn die Berufung innerhalb der Frist bei dem Sozialgericht schriftlich oder zur Niederschrift des Urkundsbeamten der Geschäftsstelle eingelegt wird. In diesem Falle legt das Sozialgericht die Berufungsschrift oder die Niederschrift mit seinen Akten unverzüglich dem Landessozialgericht vor.

(3) Die Berufungsschrift soll das angefochtene Urteil bezeichnen, einen bestimmten Antrag enthalten und die zur Begründung dienenden Tatsachen und Beweismittel angeben.

§ 160 Zulassung der Revision

(1) Gegen das Urteil eines Landessozialgerichts steht den Beteiligten die Revision an das Bundessozialgericht nur zu, wenn sie in dem Urteil des Landessozialgerichts oder in dem Beschluß des Bundessozialgerichts nach § 160 Abs. 4 Satz 2 zugelassen worden ist.

(2) Sie ist nur zuzulassen wenn

1. die Rechtssache grundsätzliche Bedeutung hat oder
2. das Urteil von einer Entscheidung des Bundessozialgerichts oder des Gemeinsamen Senats der obersten Gerichtshöfe des Bundes abweicht und auf dieser Abweichung beruht oder

3. ein Verfahrensmangel geltend gemacht wird, auf dem die angefochtene Entscheidung beruhen kann; der geltend gemachte Verfahrensmangel kann nicht auf eine Verletzung der §§ 109 und 128
   Abs. 1 Satz 1 und auf eine Verletzung des § 103 nur gestützt
   werden, wenn er sich auf einen Beweisantrag bezieht, dem das
   Landessozialgericht ohne hinreichende Begründung nicht gefolgt
   ist.

(3) Das Bundessozialgericht ist an die Zulassung gebunden.

§ 160a Nichtzulassungsbeschwerde

(1) Die Nichtzulassung der Revision kann selbständig durch
Beschwerde angefochten werden. Die Beschwerde ist bei dem Bundessozialgericht innerhalb eines Monats nach Zustellung des Urteils
einzulegen. Der Beschwerdeschrift soll eine Ausfertigung oder
beglaubigte Abschrift des Urteils, gegen das die Revision eingelegt
werden soll, beigefügt werden.

(2) Die Beschwerde ist innerhalb von zwei Monaten nach Zustellung
des Urteils zu begründen. Die Begründungsfrist kann auf einen vor
ihrem Ablauf gestellten Antrag von dem Vorsitzenden einmal bis zu
einem Monat verlängert werden. In der Begründung muß die grundsätzliche Bedeutung der Rechtssache dargelegt oder die Entscheidung, von der das Urteil des Landessozialgerichts abweicht, oder der
Verfahrensmangel bezeichnet werden.

(3) Die Einlegung der Beschwerde hemmt die Rechtskraft des Urteils.

(4) Das Landessozialgericht kann der Beschwerde nicht abhelfen. Das
Bundessozialgericht entscheidet unter Zuziehung der ehrenamtlichen
Richter durch Beschluß. Dem Beschluß soll eine kurze Begründung
beigefügt werden; von einer Begründung kann abgesehen werden,
wenn sie nicht geeignet ist, zur Klärung der Voraussetzungen der
Revisionszulassung beizutragen. Mit der Ablehnung der Beschwerde
durch das Bundessozialgericht wird das Urteil rechtskräftig. Wird der
Beschwerde stattgegeben, so beginnt mit der Zustellung dieser Entscheidung der Lauf der Revisionsfrist.

§ 161 Sprungrevision

(1) Gegen das Urteil eines Sozialgerichts steht den Beteiligten die
Revision unter Übergehung der Berufungsinstanz zu, wenn der Geg-
ner schriftlich zustimmt und wenn sie von dem Sozialgericht im
Urteil oder auf Antrag durch Beschluß zugelassen wird. Der Antrag
ist innerhalb eines Monats nach Zustellung des Urteils schriftlich zu

stellen. Die Zustimmung des Gegners ist dem Antrag oder, wenn die Revision im Urteil zugelassen ist, der Revisionsschrift beizufügen.

(2) Die Revision ist nur zuzulassen, wenn die Voraussetzungen des § 160 Abs. 2 Nr. 1 oder 2 vorliegen. Das Bundessozialgericht ist an die Zulassung gebunden. Die Ablehnung der Zulassung ist unanfechtbar.

(3) Lehnt das Sozialgericht den Antrag auf Zulassung der Revision durch Beschluß ab, so beginnt mit der Zustellung dieser Entscheidung der Lauf der Berufungsfrist von neuem, sofern der Antrag in der gesetzlichen Form und Frist gestellt und die Zustimmungserklärung des Gegners beigefügt war. Läßt das Sozialgericht die Revision durch Beschluß zu, so beginnt mit der Zustellung dieser Entscheidung der Lauf der Revisionsfrist.

(4) Die Revision kann nicht auf Mängel des Verfahrens gestützt werden.

(5) Die Einlegung der Revision und die Zustimmung des Gegners gelten als Verzicht auf die Berufung, wenn das Sozialgericht die Revision zugelassen hat.

§ 162 Zulässige Revisionsgründe

Die Revision kann nur darauf gestützt werden, daß das angefochtene Urteil auf der Verletzung einer Vorschrift des Bundesrechts oder einer sonstigen im Bezirk des Berufungsgerichts geltenden Vorschrift beruht, deren Geltungsbereich sich über den Bezirk des Berufungsgerichts hinaus erstreckt.

§ 164 Revisionseinlegung, Revisionsbegründung

(1) Die Revision ist bei dem Bundessozialgericht innerhalb eines Monats nach Zustellung des Urteils oder des Beschlusses über die Zulassung der Revision (§ 160a Abs. 4 Satz 2 oder § 161 Abs. 3 Satz 2) schriftlich einzulegen. Die Revision muß das angefochtene Urteil angeben; eine Ausfertigung oder beglaubigte Abschrift des angefochtenen Urteils soll beigefügt werden, sofern dies nicht schon nach § 160a Abs. 1 und Satz 3 geschehen ist.

(2) Die Revision ist innerhalb von zwei Monaten nach Zustellung des Urteils oder des Beschlusses über die Zulassung der Revision zu begründen. Die Begründungsfrist kann auf einen vor ihrem Ablauf gestellten Antrag von dem Vorsitzenden verlängert werden. Die Begründung muß einen bestimmten Antrag enthalten, die verletzte

Rechtsnorm und, soweit Verfahrensmängel gerügt werden, die Tatsachen bezeichnen, die den Mangel ergeben.

§ 166 Vertretungszwang

(1) Vor dem Bundessozialgericht müssen sich die Beteiligten, soweit es sich nicht um Behörden oder Körperschaften des öffentlichen Rechts oder Anstalten des öffentlichen Rechts handelt, durch Prozeßbevollmächtigte vertreten lassen.

(2) Als Prozeßbevollmächtigte sind die Mitglieder und Angestellten von Gewerkschaften, von selbständigen Vereinigungen von Arbeitnehmern mit sozial- oder berufspolitischer Zwecksetzung, von Vereinigungen von Arbeitgebern, von berufsständischen Vereinigungen der Landwirtschaft und von Vereinigungen der Kriegsopfer zugelassen, sofern sie kraft Satzung oder Vollmacht zur Prozeßvertretung befugt sind. Jeder bei einem deutschen Gericht zugelassene Rechtsanwalt ist ebenfalls als Prozeßbevollmächtigter vor dem Bundessozialgericht zugelassen.

§ 183 Kosten[1]

Das Verfahren vor den Gerichten der Sozialgerichtsbarkeit ist für Versicherte, Leistungsempfänger einschließlich Hinterbliebenenleistungsempfänger, Behinderte oder deren Sonderrechtsnachfolger nach § 56 des Ersten Buches Sozialgesetzbuch kostenfrei, soweit sie in dieser jeweiligen Eigenschaft als Kläger oder Beklagte beteiligt sind. Nimmt ein sonstiger Rechtsnachfolger das Verfahren auf, bleibt das Verfahren in dem Rechtszug kostenfrei. Den in Satz 1 und 2 genannten Personen steht gleich, wer im Falle des Obsiegens zu diesen Personen gehören würde. § 93 Satz 3, § 109 Abs. 1 Satz 2, § 120 Abs. 2 Satz 1 und § 192 bleiben unberührt.

§ 184 Pauschgebühr

(1) Die Körperschaften oder Anstalten des öffentlichen Rechts haben für jede Streitsache, an der sie beteiligt sind, eine Gebühr zu entrichten. Die Gebühr entsteht, sobald die Streitsache rechtshängig geworden ist; sie ist für jeden Rechtszug zu zahlen.

---

[1] § 183: I.d.F. d. Art. 1 Nr. 61 nach Maßgabe d. Art. 17 G v. 17.8.2001 I 2144 m.W.v. 2.1.2002

(2) Die Bundesregierung setzt die Höhe der Gebühr durch Rechtsverordnung fest, die der Zustimmung des Bundesrates bedarf.

Anmerkung zu § 184

Gebühr beträgt nach § 1 der VO für Verfahren **vor SG 100 DM** für jede Streitsache, für Verfahren **vor LSG 150 DM** und **vor BSG 200 DM**. Gebühren **ermäßigen** sich für Verfahren vor SG und LSG – nicht für Verfahren vor BSG auf 50 bzw. 70 DM, wenn **dem Gericht keine Kosten für Gutachten** (nicht nur ärztliche) entstanden sind oder lediglich Papiere nach § 106 Abs. 3 Nr. 2 beigezogen sind (Urkundenbeweis) oder Sachverständiger in der mdl Vhdlg zur Unterrichtung des Gerichts gehört worden ist.

§ 186 Ermäßigung der Pauschgebühr

Wird eine Sache nicht durch Urteil erledigt, so ermäßigt sich die Gebühr auf die Hälfte. Die Gebühr entfällt, wenn die Erledigung auf einer Rechtsänderung beruht.

§ 191 Auslagenvergütung für Beteiligte

Ist das persönliche Erscheinen eines Beteiligten angeordnet worden, so werden ihm auf Antrag bare Auslagen und Zeitverlust wie einem Zeugen vergütet; sie können vergütet werden, wenn er ohne Anordnung erscheint und das Gericht das Erscheinen für geboten hält.

§ 192 Mutwillenskosten

Hat ein Beteiligter, dessen Vertreter oder Bevollmächtigter durch Mutwillen, Verschleppung oder Irreführung dem Gericht oder einem Beteiligten Kosten verursacht, so kann sie das Gericht dem Beteiligten im Urteil ganz oder teilweise auferlegen. § 193 Abs. 1 gilt entsprechend.

§ 193 Entscheidung über Kostenerstattung

(1) Das Gericht hat im Urteil zu entscheiden, ob und in welchem Umfange die Beteiligten einander Kosten zu erstatten haben; es entscheidet auf Antrag durch Beschluß, wenn das Verfahren anders beendet wird.

(2) Kosten sind die zur zweckentsprechenden Rechtsverfolgung oder Rechtsverteidigung notwendigen Aufwendungen der Beteiligten.

(3) Die gesetzlichen Gebühren und die notwendigen Auslagen eines Rechtsanwalts (§§ 25 bis 30 Bundesgebührenordnung für Rechtsanwälte) oder eines Rechtsbeistandes sind stets erstattungsfähig.

(4) Nicht erstattungsfähig sind die Aufwendungen der Behörden, der Körperschaften und Anstalten des öffentlichen Rechts.

Die Muster-Prüfvereinbarung

Vorwort:

Aufgrund langjähriger, meist negativer Erfahrungen mit Prüfbescheiden wurde eine Muster-Prüfvereinbarung erstellt, die Grundlage für bundeseinheitlich gültige Prüfkriterien sein soll.

Dabei wurden sowohl die bisherige sozialgerichtliche Rechtsprechung als auch die Vorgaben des GSG'93 berücksichtigt.

Für die Muster-Prüfvereinbarung gelten 4 Prinzipien:

- Information der Vertragsärzte über ihre Rechte und
- der Prüfgremien über deren Pflichten,
- Transparenz des Verfahrens,
- Beratung vor Bestrafung.

Dabei dient die Muster-Prüfvereinbarung als Richtschnur für KVen; deren Kernpunkte sind:

- In einem Auswahlverfahren sollen bereits vor Einleitung des Prüfverfahrens Praxisbesonderheiten berücksichtigt werden.
- Der Arzt hat bereits vor dem Prüfungsausschuß rechtliches Gehör.
- Ärztliche Berichterstatter bereiten den Sachverhalt vor.
- Im Widerspruchsverfahren darf der Arzt bis zu zwei Personen seines Vertrauens (z.B. Rechtsanwalt und Pharmakologe) mitnehmen.
- Der Beschwerdeausschuß muß auf die Möglichkeit der Aussetzung der Vollziehung des Bescheides hinweisen.
- Nach zwei Jahren sind sämtliche Ansprüche auf Prüfung verjährt.
- Bei der Prüfung nach Durchschnittswerten sind die fallbezogenen Leistungsgruppenwerte (AV/RV) zugrunde zu legen. In das Auswahlverfahren kommen nur die Fälle ab 60% arithmetischer bzw. 200% mittlerer Abweichung. Außerdem ist die Gesamttätigkeit des Arztes zu berücksichtigen. Sogenannte Nullabrechner sind ausgeschlossen.
- Bei Prüfung der Verordnungsweise ist der Verordnungsfallwert (getrennt nach AV und RV) Grundlage. Bei erstmaliger Überschreitung der gewichteten Durchschnitte um 20 bis 30% erfolgt kein Prüfantrag. Volumen und Zulässigkeit der Verordnungen sind zu berücksichtigen.
- Bei der Stichprobenprüfung obliegt den Prüfgremien eine Mitteilungspflicht an den Arzt, daß er für diese Prüfart ausgelost wurde, auch wenn es nicht zum Prüfverfahren kommt. Grund hierfür ist

es, daß der Arzt so besser verfolgen kann, daß er nicht erneut vor Ablauf von zwei Jahren in die Stichprobenprüfung gelangt.

- Regelmäßige Prüfmaßnahmen ist die Beratung, die weiteren Maßnahmen voranzugehen hat. Dabei muß die Beratung für den geprüften Arzt nachvollziehbar sein.

Muster-Prüfvereinbarung

I. Allgemeiner Teil

1. Abschnitt: Geltungsbereich

§ 1 Vertragsarzt

Die vorliegende Prüfvereinbarung gilt für alle Vertragsärzte, ermächtigte Ärzte, Institute, ermächtigte ärztlich geleitete Einrichtungen sowie Polikliniken – im folgenden als „Vertragsarzt" bezeichnet – soweit und solange sie an der vertragsärztlichen Versorgung teilnehmen.

Die Vereinbarung gilt auch für die Prüfung der im Krankenhaus erbrachten ambulanten ärztlichen und belegärztlichen Leistungen (§ 106 Abs. 6 Satz 1 SGB V).

2. Abschnitt: Prüfungseinrichtungen

§ 2 Zuständigkeit der Prüfungseinrichtungen

Die Prüfungseinrichtungen sind zuständig

1. für die Überwachung der Wirtschaftlichkeit der vertragsärztlichen Versorgung,
2. für die Einhaltung der sich aus den Arznei-, Heil- und Hilfsmittel- sowie Sprechstundenbedarfs-Richtlinien ergebenden Grundsätze,
3. für die Feststellung eines sonstigen Schadens, der einer Krankenkasse durch schuldhafte Verletzung vertragsärztlicher Pflichten entsteht,
4. in den weiteren durch Gesetz, Vertrag oder sonstige Rechtsnormen bestimmten Fällen.

§ 3 Bildung der Prüfungseinrichtungen

1. Zur Erfüllung der sich aus § 2 ergebenden Aufgaben bilden die Vertragspartner für den Bereich jeder (ggf. Bezirksstelle der) Kassenärztlichen Vereinigung mindestens je einem gemeinsamen Prüfungs- und Beschwerde-Ausschuß.

2. Den Prüfungs- und Beschwerde-Ausschüssen gehören je drei Vertreter der Vertragsärzte und der Krankenkassen an. Die Vertreter sowie eine ausreichende Zahl an Stellvertretern werden auf seiten der Ärzte von der Kassenärztlichen Vereinigung, auf seiten der Krankenkassen von den Landesverbänden der Krankenkassen und den Verbänden der Ersatzkassen für jeweils vier Jahre bestellt.

3. Die Einbindung eines Vertreters vom Amt erfolgt durch die entsendende Stelle auf Wunsch des Vertreters oder bei Vorliegen wichtiger Gründe. Werden Vertreter während einer laufenden Amtsperiode bestellt, endet ihre Mitgliedschaft mit dem Ende der laufenden Amtsperiode.

4. Die Vertreter in den Prüfungseinrichtungen bleiben nach Ablauf der Amtsperiode solange in ihrem Amt, bis ihre Nachfolger eintreten.

5. Den Vorsitz in den Prüfungseinrichtungen führt jährlich wechselnd ein Vertreter der Vertragsärzte und ein Vertreter der Krankenkassen. Den Vorsitz im Beschwerdeausschuß führt ein Vertreter der Ärzte, wenn in dem zu entscheidenden Fall ein Vertreter der Krankenkassen den Vorsitz im Prüfungsausschuß hatte und umgekehrt. Der Vorsitz in den Prüfungseinrichtungen wechselt jeweils zum 01. Januar eines Jahres.

§ 4 Führung der Geschäfte der Prüfungseinrichtungen

1. Die Geschäfte der Prüfungseinrichtungen werden bei der jeweiligen (ggf. Bezirksstelle der) Kassenärztlichen Vereinigung geführt.

2. Die Geschäftsstelle hat im Auftrag des Vorsitzenden der Prüfungseinrichtung alle für die Durchführung des Verfahrens notwendigen Vorbereitungsmaßnahmen unverzüglich zu treffen.

§ 5 Beschlüsse der Prüfungseinrichtungen

1. Die Prüfungseinrichtungen beschließen mit Stimmenmehrheit. Bei Stimmengleichheit gibt die Stimme des Vorsitzenden den Ausschlag. Stimmenthaltung ist nicht zulässig.

2. Die Prüfungseinrichtungen sind auch dann beschlußfähig, wenn nach ordnungsgemäßer Ladung weniger als sechs, aber mindestens vier Vertreter anwesend sind. Auch in diesem Falle muß eine paritätische Besetzung gewährleistet sein. Sofern nicht ein überzähliger Vertreter freiwillig auf sein Stimmrecht verzichtet, wird er durch Losentscheid ermittelt. Der Vorsitzende nimmt am Losverfahren nicht teil. Der überzählige Vertreter nimmt an der jeweiligen Abstimmung und Beratung nicht teil.

3. Ein Vertreter ist von der Mitwirkung im Verfahren ausgeschlossen, wenn er Betroffener dieses Prüfverfahrens ist. Dasselbe gilt für einen Vertreter im Prüfungsausschuß hinsichtlich dessen Mitwirkung im Verfahren vor dem Beschwerdeausschuß sowie für Partner einer Gemeinschaftspraxis oder Praxisgemeinschaft. Im übrigen gilt § 16 SGB X (Ausgeschlossene Personen).

4. Die Vertreter der Prüfungseinrichtungen sind an Weisungen nicht gebunden. Sie haben den Datenschutz zu beachten und sind zur Verschwiegenheit über alle Umstände verpflichtet, die ihnen aus der Teilnahme am Prüfverfahren bekannt werden; dies gilt insbesondere für die Beratung und Abstimmung.

§ 6 Kosten der Prüfungseinrichtungen

1. Die Vertreter in den Prüfungseinrichtungen haben Anspruch auf Erstattung ihrer Auslagen sowie auf eine Entschädigung nach den für die Mitglieder der Organe der von ihnen vertretenen Vertragspartner geltenden Grundsätzen. Der Anspruch ist gegen den entsendenden Vertragspartner zu richten.

2. Kosten, die sich für die Geschäftsführung und aus der Tätigkeit der Prüfungseinrichtungen ergeben, trägt die Kassenärztliche Vereinigung höchstens zur Hälfte. Die restlichen Kosten teilen sich die übrigen Vertragspartner. Dies gilt auch für Kosten aus Rechtsbehelfs- und Rechtsmittel-Verfahren.

3. Die Vertragspartner machen für die Erstellung der nach §§ 296 und 297 SGB V zu liefernden Unterlagen gegenseitig keine Kosten geltend. Das gleiche gilt für Kosten, die im Zusammenhang mit einer Entscheidung nach § 193 Abs. 1 SGG (Entscheidung über Kostenerstattung im Urteil) für die am Sozialgerichts-Verfahren beteiligten Vertragspartner entstehen. Ein solcher Verzicht gilt auch für Kostenerstattungen nach § 63 SGB X (im Widerspruchsverfahren).

4. Die Kosten der Rechtsvertretung vor den Sozialgerichten tragen für die von ihnen entsandten Vertreter die Kassenärztliche Vereinigung und die Landesverbände, die Verbände der Ersatzkassen bzw. die jeweilige Krankenkasse selbst.

5. Die Kassenärztliche Vereinigung rechnet jeweils mit den Landesverbänden der Krankenkassen und den Verbänden der Ersatzkassen die Kosten jährlich ab. Während des Quartals werden Abschlagszahlungen geleistet.

3. Abschnitt: Verfahren vor dem Prüfungsausschuß

§ 7 Auswahlverfahren

1. Die zuständige (ggf. Bezirksstelle der) Kassenärztlichen Vereinigung und die Landesverbände bzw. Verbände der gesetzlichen Krankenkassen bilden mindestens einen paritätisch besetzten Auswahlausschuß.

2. Unverzüglich nach Vorliegen der Abrechnungsunterlagen entscheidet der Auswahlausschuß in einer bei der (ggf. Bezirksstelle der) Kassenärztlichen Vereinigung stattfindenden Sitzung darüber, bei welchen Vertragsärzten ein Antrag auf Einleitung eines Verfahrens zur Prüfung der Wirtschaftlichkeit gestellt wird. Dabei ist insbesondere zu prüfen, ob Praxisbesonderheiten den Mehraufwand rechtfertigen.

3. Bei Überschreitung vereinbarter Richtgrößen nach § 84 Abs. 3 SGB V entscheidet der Auswahlausschuß, ob Praxisbesonderheiten den Mehraufwand rechtfertigen und deshalb die Durchführung eines Verfahrens auf Prüfung der Wirtschaftlichkeit unterbleiben kann.

§ 8 Antragsverfahren

1. Der Prüfungsausschuß wird in der Regel auf gemeinsamen Antrag des Auswahlausschusses nach § 7 Abs. 1 tätig. Kommt eine Einigung über eine gemeinsame Antragsteilung nicht zustande, bleibt das Antragsrecht einer Krankenkasse, ihres Verbandes, eines Verbandes der Ersatzkassen oder der Kassenärztlichen Vereinigung unberührt. Solche Anträge können bei Prüfung der Behandlungsweise nur bis zum Ablauf der auf das Auswahlgespräch folgenden zwei Arbeitstage gestellt werden; der Samstag gilt als Arbeitstag. Der Prüfungsausschuß ist an Art und Umfang des Antrages gebunden.

2. Bei einer Prüfung aufgrund der Überschreitung vereinbarter Richtgrößen nach § 84 Abs. 3 SGB gilt § 106 Abs. 5a SGB V (Wegfall des Antragserfordernisses).

3. Der Antrag muß den Prüfungsgegenstand, die Prüfungsart sowie die begehrte Prüfmaßnahme hinreichend bezeichnen und eine Begründung enthalten.

4. Der Antrag ist von der Geschäftsstelle des Prüfungsausschusses unverzüglich den übrigen Verfahrensbeteiligten, insbesondere dem betroffenen Arzt, zur Kenntnis zu bringen.

5. Den Verfahrensbeteiligten ist innerhalb einer angemessenen Frist die Gelegenheit zur Stellungnahme einzuräumen.

6. Anträge zur Prüfung im Sinne des § 2 sind in der Regel ausgeschlossen, wenn der vermutete Gegenstandswert DM 250,– nicht überschreitet.

§ 9 Vorbereitung der Sitzung

1. Die Geschäftsstelle stimmt den Termin für die Sitzung sowie die Tagesordnung mit dem Vorsitzenden des Prüfungsausschusses, im Verhinderungsfall mit dessen Stellvertreter, ab und lädt die übrigen Vertreter des Prüfungsausschusses ein.

2. Nimmt ein Vertreter des Prüfungsausschusses nicht selbst an der Sitzung teil, obliegt es ihm, die Einladung und die Unterlagen unverzüglich an seinen Stellvertreter weiterzuleiten.

3. Für jeden Prüfungsfall wird ein ärztlicher Berichterstatter tätig, der den Sachverhalt aufbereitet und vorträgt.

§ 10 Sitzung des Prüfungsausschusses

1. Der Prüfungsausschuß berät und entscheidet in nichtöffentlicher Sitzung.

2. Das Verfahren vor dem Prüfungsausschuß ist grundsätzlich schriftlich. Auf Antrag des geprüften Arztes ist diesem Gelegenheit zur mündlichen Äußerung vor dem Prüfungsausschuß einzuräumen. Der betroffene Arzt kann auf seine Kosten einen Arzt seines Vertrauens, einen Sachverständigen sowie einen Rechtsbeistand hinzuziehen.

3. An der Sitzung nimmt neben den Vertretern des Prüfungsausschusses ein von der Geschäftsstelle bestimmter Protokollführer teil.

4. Der Vorsitzende leitet die Verhandlung, Beratung und Abstimmung. Er hat darauf hinzuwirken, daß der Sachverhalt ausreichend aufgeklärt wird.

5. In Zweifelsfällen sind Sachverständige oder Gutachter beizuziehen, die vom Vorsitzenden oder durch Beschluß des Prüfungsausschusses bestellt werden.

§ 11 Sitzungsniederschrift

1. Über jede Sitzung des Prüfungsausschusses ist eine Niederschrift anzufertigen, die bei den Akten des Prüfungsausschusses verbleibt.

2. Die Niederschrift muß enthalten:
   a. die Bezeichnung des Ausschusses
   b. den Ort und Tag der Sitzung

c. die Namen des Vorsitzenden und der übrigen Sitzungsteilnehmer

d. den betroffenen Vertragsarzt und den Prüfungsgegenstand sowie die Prüfungsart

e. die Anträge und die wesentlichen Erklärungen der Beteiligten

f. das Ergebnis einer eventuell durchgeführten Beweiserhebung

g. den gefaßten Beschluß und

h. das Abstimmungsergebnis.

3. Die Niederschrift ist vom Vorsitzenden des Prüfungsausschusses und dem Protokollführer zu unterzeichnen.

§ 12 Bescheiderteilung

1. Der Prüfungsausschuß erläßt einen schriftlichen Bescheid, der zu begründen, vom Vorsitzenden zu unterzeichnen und mit einer Rechtsbehelfsbelehrung nach Absatz 3 zu versehen ist.

2. Der Bescheid ist spätestens 3 Monate nach Beschlußfassung auszufertigen und den Beteiligten zuzustellen.

3. Die Rechtsbehelfsbelehrung lautet:

„Gegen die Entscheidung des Prüfungsausschusses können der betroffene Vertragsarzt, die am Verfahren beteiligten Krankenkassen, die betroffenen Landesverbände der Krankenkassen und die betroffenen Verbände der Ersatzkassen sowie die Kassenärztliche Vereinigung binnen eines Monats nach Bekanntgabe Widerspruch erheben.

Der Widerspruch ist schriftlich oder zur Niederschrift beim Beschwerdeausschuß bei der Kassenärztlichen Vereinigung ... (Adresse) ... innerhalb der genannten Frist einzulegen.

Der Widerspruch muß den Beschluß bezeichnen, gegen den er sich richtet."

4. Abschnitt: Verfahren vor dem Beschwerdeausschuß (Widerspruchsverfahren)

§ 13 Widerspruch

1. Der betroffene Vertragsarzt, die am Verfahren beteiligten Krankenkassen, die betroffenen Landesverbände der Krankenkassen und die betroffenen Verbände der Ersatzkassen sowie die Kassenärztliche Vereinigung können gegen die Entscheidung des Prüfungsausschusses Widerspruch erheben.

2. Der Widerspruch ist binnen eines Monats nach Bekanntgabe des Prüfungsausschusses schriftlich oder zur Niederschrift beim Beschwerdeausschuß einzulegen.

3. Der Widerspruch muß den Beschluß bezeichnen, gegen den er sich richtet.

4. Sofern der Widerspruch nicht bereits bei seiner Einlegung begründet wurde, ist der Widerspruchsführer unter angemessener Fristsetzung hierzu aufzufordern und auf die Folgen einer mangelnden Begründung hinzuweisen.

5. Der Widerspruch hat aufschiebende Wirkung.

§ 14 Vorbereitung der Sitzung

1. Sobald die Geschäftsstelle des Beschwerdeausschusses die Unterlagen des Prüfungsausschusses erhalten hat, stimmt sie den Termin für die Sitzung sowie die Tagesordnung mit dem Vorsitzenden des Beschwerdeausschusses, im Verhinderungsfall mit dessen Stellvertreter, ab. Sie lädt den betroffenen Vertragsarzt, die sonstigen Widerspruchsführer – soweit diese ihren Widerspruch aufrecht erhalten – sowie die übrigen Vertreter des Beschwerdeausschusses zur Sitzung ein.

2. Nimmt ein Vertreter des Beschwerdeausschusses nicht selbst an der Sitzung teil, obliegt es ihm, die Einladung und die Unterlagen unverzüglich an seinen Stellvertreter weiterzuleiten.

3. Für jeden Widerspruchsfall wird ein ärztlicher Berichterstatter tätig, der den Sachverhalt aufbereitet und vorträgt.

§ 15 Sitzung des Beschwerdeausschusses

1. Der Beschwerdeausschuß berät und entscheidet in nichtöffentlicher Sitzung.

2. Das Verfahren vor dem Beschwerdeausschuß ist mündlich.

3. Den Betroffenen ist rechtliches Gehör zu gewähren. Sie können bis zu zwei Personen ihres Vertrauens, z.B. einen Arzt, Pharmakologen, Pharmazeuten oder Rechtskundigen, zur Verhandlung beiziehen oder sich von diesen vertreten lassen.

4. An der Sitzung nehmen neben den Vertretern des Beschwerdeausschusses sowie einem von der Geschäftsstelle bestimmten Protokollführer, die in Absatz 3 genannten Personen teil.

5. Der Vorsitzende leitet die Verhandlung, Beratung und Abstimmung. Er hat darauf hinzuwirken, daß der Sachverhalt ausreichend aufgeklärt wird.

6. In Zweifelsfällen sind Sachverständige oder Gutachter beizuziehen, die vom Vorsitzenden oder durch Beschluß des Beschwerdeausschusses bestellt werden.

§ 16 Sitzungsniederschrift

1. Über jede Sitzung des Beschwerdeausschusses ist eine Niederschrift anzufertigen, die bei den Akten des Widerspruchsverfahrens verbleibt.
2. Der Inhalt der Niederschrift richtet sich nach § 11 Absatz 2, Buchstabe a bis h. Wesentliche Sachvorträge der Vertreter des Beschwerdeausschusses und der Beteiligten sind auf Verlangen in die Sitzungsniederschrift aufzunehmen.
3. Die Niederschrift ist vom Vorsitzenden des Beschwerdeausschusses und dem Protokollführer zu unterzeichnen.

§ 17 Bescheiderteilung (Widerspruchsbescheid)

1. Der Beschwerdeausschuß erläßt einen schriftlichen Widerspruchsbescheid, der zu begründen, vom Vorsitzenden zu unterzeichnen und mit einer Rechtsmittelbelehrung nach Absatz 4 und einem Hinweis nach Absatz 5 zu versehen ist.
2. Der Widerspruchsbescheid hat auch eine Entscheidung über die Notwendigkeit einer rechtlichen Vertretung und die damit verbundene Kostentragung zu enthalten.
3. Der Bescheid ist spätestens 3 Monate nach Beschlußfassung auszufertigen und den Betroffenen zuzustellen.
4. Die Rechtsmittelbelehrung lautet:
   „Gegen diesen Bescheid können die am Verfahren Beteiligten binnen eines Monats nach Zustellung Klage zum Sozialgericht ... (Adresse) ... erheben.
   Die Klage ist bei dem genannten Gericht schriftlich oder zur Niederschrift des Urkundsbeamten der Geschäftsstelle binnen der genannten Frist einzulegen. Die Klage soll die Beteiligten und den Widerspruchsbescheid bezeichnen und einen bestimmten Antrag enthalten."
5. Der Hinweis lautet:
   „Die Klage gegen die Entscheidung des Beschwerdeausschusses hat keine aufschiebende Wirkung.
   In begründeten Fällen, z.B. bei existentieller Bedrohung durch den Vollzug des Widerspruchsbescheides, kann bei dem zuständigen Sozialgericht ein Antrag auf Aussetzung der Vollziehung des Bescheides gestellt werden."

§ 18 Kosten für Sachverständige, Gutachter und Rechtsanwälte

Die Erstattung von Kosten einer notwendigen Beiziehung richtet sich für

1. Gutachter und Sachverständige nach den Entschädigungssätzen des „Gesetzes über die Entschädigung von Zeugen und Sachverständigen" (ZSEG)
2. Rechtsanwälte nach den Sätzen der „Bundesgebührenordnung für Rechtsanwälte" (BRAGO)

in der jeweils gültigen Fassung.

§ 19 Verjährung von Prüfansprüchen

Ansprüche auf Prüfung nach § 2 sind ausgeschlossen mit Ablauf von 2 Jahren, beginnend mit dem Ende des Kalenderjahres, in welches das zur Prüfung berechtigende Ereignis fällt.

II. Verfahren zur Prüfung der Wirtschaftlichkeit der Vertragsärztlichen Versorgung

1. Abschnitt: Allgemeines

§ 20 Prüfungsarten

Die Prüfungseinrichtungen überwachen arztbezogen die Wirtschaftlichkeit der vertragsärztlichen Versorgung durch

1. Prüfung ärztlicher Leistungen (Behandlungsweise) und ärztlich verordneter Leistungen (Verordnungsweise)
   a. nach Durchnittswerten oder
   b. bei Überschreitung vereinbarter Richtgrößen (Auffälligkeitsprüfung)
   c. auf der Grundlage von Stichproben (Zufälligkeitsprüfung) sowie
   d. in besonderen Fällen.

Die Prüfungen nach a. und c. umfassen auch die Häufigkeit von Überweisungen, Krankenhauseinweisungen und Feststellungen der Arbeitsunfähigkeit.

2. Prüfung des Sprechstundenbedarfs.

2. Abschnitt: Prüfung der Wirtschaftlichkeit der Behandlungsweise

§ 21 Prüfung nach Durchschnittswerten

1. Grundlage der Prüfung nach gewichteten Durchschnittswerten sind die nach § 296 SGB V zur Verfügung gestellten Daten. Dabei werden die Abrechnungsergebnisse für alle gesetzlichen Krankenkassen je Vertragsarzt zusammengefaßt. Auf dieser Grundlage werden die Werte je Vergleichsgruppe ermittelt.

2. Vergleichsgruppe ist grundsätzlich die Facharztgruppe im Sinne der Weiterbildungsordnung.

   Sofern eine hinreichend große Zahl an Vertragsärzten ein spezifisches Leistungs- und Abrechnungsverhalten aufweist, kann auch eine engere Vergleichsgruppe gebildet werden. (z.B. bei Behandlungsschwerpunkten).

   Bei der Bildung der Vergleichsgruppen ist grundsätzlich von den Abrechnungen derjenigen Vertragsärzte auszugehen, die im gleichen Abrechnungsbezirk niedergelassen sind. Findet sich dort nicht die erforderliche Anzahl an Vertragsärzten, ist der Vergleich auf größere Bereiche auszudehnen (z.B. landes- oder bundesweit).

3. In das Auswahlverfahren nach § 7 gehen Honorarabrechnungen ein, bei denen – bezogen auf die von dem Arzt abgerechneten Leistungen in den einzelnen Leistungsgruppen – der Fallwert der ausführenden Ärzte der Vergleichsgruppe.

   a. um mehr als 60 % nach der arithmetischen Methode oder

   b. um mehr als 200 % der mittleren Abweichung nach der Gauß'schen Normalverteilung

   überschritten wird.

4. Die Prüfungseinrichtungen haben über die Wirtschaftlichkeit der vertragsärztlichen Tätigkeit nach der Methode der statistischen Vergleichsprüfung zu entscheiden, wenn die Fallwerte des Arztes gegenüber der Vergleichsgruppe entweder ein offensichtliches Mißverhältnis ausweisen oder innerhalb der Übergangszone einzuordnen sind. Die Durchführung der statistischen Vergleichsprüfung richtet sich nach den gesetzlichen Vorgaben und den von der Rechtsprechung entwickelten Grundsätzen. Soweit Praxisbesonderheiten und kompensationsfähige Einsparungen nicht bereits bekannt oder vorgetragen sind, unterliegt der Arzt einer Mitwirkungspflicht.

   Grundlage sind bei der Vergleichsprüfung der Behandlungsweise die fallbezogenen Leistungsgruppenwerte, bei der Verordnungsweise der Verordnungsfallwert – unterteilt nach Allgemein- und Rentnerversicherten.

Weisen die Fallwerte des Arztes gegenüber der Vergleichsgruppe ein offensichtliches Mißverhältnis aus, gilt insoweit der statistische Anschein einer unwirtschaftlichen Behandlungs- oder Verordnungsweise, vorbehaltlich der Rechtfertigung durch Praxisbesonderheiten und/oder kompensatorische Einsparungen.

Sind die Fallwerte des Arztes gegenüber der Vergleichsgruppe in die Übergangszone einzuordnen, erfolgt die Prüfung der Wirtschaftlichkeit unter Berücksichtigung der im Prüfantrag ggf. konkret aufgeführten Anhaltspunkte für eine vermutete Unwirtschaftlichkeit anhand einer genügend beleuchteten Zahl von Behandlungs- bzw. Verordnungsfällen, die nach dem statistischen Zufallsprinzip ausgewählt werden.

Die statistische Vergleichsprüfung kann auch auf einzelne vergleichsgruppentypische Leistungen angewendet werden.

5. Bei Überschreitungen nach Absatz 4 ist eine Schätzung des unwirtschaftlichen Mehraufwandes zulässig, wenn eine genaue Bezifferung unmöglich ist oder mit unverhältnismäßigem Aufwand verbunden wäre.

6. Die Prüfung umfaßt auch die Häufigkeit von Überweisungen, Krankenhauseinweisungen und Feststellungen der Arbeitsunfähigkeit.

7. Bei der Prüfung ist die Gesamttätigkeit des Arztes zu berücksichtigen.

3. Abschnitt: Prüfung der Wirtschaftlichkeit der Verordnungsweise

§ 22 Prüfung nach Durschnittswerten

1. Prüfungsgegenstand ist die Wirtschaftlichkeit der Verordnungsweise bei Arznei- und Verband- sowie Heilmitteln.

2. § 23 gilt entsprechend mit der Maßgabe, daß sämtliche zur Beurteilung der Wirtschaftlichkeit erforderlichen Unterlagen beizuziehen sind.

3. § 7 Absatz 1 und 2 gelten entsprechend.

4. Ein Antrag soll nicht gestellt werden bei Ärzten, deren gewichteter Fallwert den entsprechenden Fallwert der Vergleichsgruppe erstmals um 20 bis 30 % überschreitet und die von der Kassenärztlichen Vereinigung durch schriftliche Information auf diesen Sachverhalt gezielt hingewiesen und entsprechend beraten werden.

Ärzte, deren gewichteter Fallwert den entsprechenden Fallwert der Vergleichsgruppe um mehr als 20 % überschreitet, werden hierüber von der Kassenärztlichen Vereinigung regelmäßig informiert, sofern die Überschreitung nicht durch eine anerkannte Praxisbesonderheit hervorgerufen wird.

Ergibt die Prüfung nur eine Unwirtschaftlichkeit einzelner Behandlungsfälle, beschränkt sich die Höhe des Regresses auf den tatsächlich festgestellten Mehraufwand in diesen Behandlungsfällen.

§ 23 Prüfung aufgrund vereinbarter Richtgrößen

1. Prüfungsgegenstand ist die Verordnung von Arznei-, Verband- und Heilmitteln wegen Überschreitung der nach § 84 SGB V vereinbarten Richtgrößen.
2. Eine Prüfung erfolgt ohne Antragstellung, sofern die Richtgrößen um mehr als 15 vom Hundert überschritten werden.
3. Bei Überschreitungen von mehr als 25 vom Hundert hat der Vertragsarzt den sich ergebenden Mehraufwand zu erstatten, soweit dieser nicht durch Praxisbesonderheiten begründet ist.
4. Sobald die Vertragspartner im Sinne des § 106 Absatz 5a Satz 4 SGB V andere als die in Absatz 2 und 3 genannten Vomhundertsätze vereinbaren gelten diese.
5. Bei der Beurteilung der Wirtschaftlichkeit der Verordnungsweise sind insbesondere folgende Kriterien zu berücksichtigen:
   a. das Volumen der vom Arzt indikationsbezogen verordneten Arzneimittel (Anm: Mengen-Dosis-Komponente, Doppelverordnung)
   b. die Zulässigkeit der Verordnung (z.B. Negativliste, Positivliste, Arzneimittelrichtlinien).
6. Soweit ärztlich verordnete Leistungen bei Überschreitung von Richtgrößen geprüft werden, ist eine Prüfung nach Durchschnittswerten (§ 22) nicht zulässig.

4. Abschnitt: Prüfung auf der Grundlage von Stichproben (Zufälligkeitsprüfung)

§ 24 Prüfung auf der Grundlage von Stichproben (Zufälligkeitsprüfung)

1. Die Auswahl der in die Stichprobenprüfung fallenden Vertragsärzte erfolgt je Quartal nach dem Zufallsprinzip. Sie erfaßt 2 vom Hundert der Ärzte eines Abrechnungsbezirkes. Dabei ist es auch zulässig, die Auswahl getrennt nach Arztgruppen (im Sinne der Weiterbildungsordnung) durchzuführen.
2. § 7 Absatz 1 und 2 gelten entsprechend.
3. Der eine Prüfung zugrunde zu legende Zeitraum beträgt ein Jahr.

4. Eine erneute Prüfung findet nicht vor Ablauf von zwei Jahren nach Einleitung dieser Prüfung statt.

5. Die Prüfung umfaßt die ärztliche Behandlungsweise, Verordnungsweise sowie die Häufigkeit von Überweisungen, Krankenhauseinweisungen und Feststellungen der Arbeitsunfähigkeit.

6. Eine Stichprobenprüfung ist unzulässig, wenn im zu überprüfenden Zeitraum bereits andere Prüfungsverfahren anhängig sind.

7. Der Vertragsarzt ist über die ihn betreffende Auslosung im Rahmen der Stichprobenprüfung zu informieren.

5. Abschnitt: Prüfungsmaßnahmen

§ 25 Beratung

1. Hat die Prüfungseinrichtung eine Unwirtschaftlichkeit der Behandlungs- und/oder Verordnungsweise festgestellt, ist vorrangig zu prüfen, ob eine Beratung des Vertragsarztes ausreicht und künftig wirtschaftliches Verhalten von ihm erwartet werden kann.

2. Das Ergebnis der Beratung ist schriftlich im Prüfbescheid festzuhalten. Dabei muß der geprüfte Arzt insbesondere erkennen können, wie er künftige Unwirtschaftlichkeit vermeiden kann.

§ 26 Honorarkürzung/Regreß

1. Die Prüfungseinrichtungen können unter Beachtung der oben genannten Grundsätze eine Kürzung der Honorarforderung oder einen Regreß aussprechen.

2. Für den Fall wiederholt festgestellter Unwirtschaftlichkeit ist eine pauschale Honorarkürzung zulässig.

3. Die wesentlichen Gründe bezüglich Art und Umfang der getroffenen Prüfmaßnahmen müssen im Prüfbescheid enthalten sein.

4. Sofern eine genaue Bezifferung des unwirtschaftlichen Mehraufwandes unmöglich ist oder mit unverhältnismäßigem Aufwand verbunden wäre, ist eine Schätzung zulässig; die Grundlagen hierfür sind im Prüfbescheid anzugeben. Dies gilt auch für die Festsetzung einer Honorarkürzung bzw. eines Regresses.

III. *Verfahren zur Einhaltung der sich aus den Arznei-, Heil- und Hilfsmittel- sowie Sprechstundenbedarfs-Richtlinien ergebenden Grundsätze.*

§ 27 Verfahren

1. Wird ein Regreßantrag wegen nicht verordnungsfähiger Arznei-, Heil- oder Hilfsmittel oder wegen unzulässig bezogenem Sprechstundenbedarf gestellt, prüft die zuständige Kassenärztliche Vereinigung, ob sie diesen Antrag für berechtigt hält. In diesem Fall bittet sie den betroffenen Vertragsarzt unter Fristsetzung um dessen Einverständnis zur Vornahme des Regresses.
2. Erkennt der Vertragsarzt den Regreß nicht an oder gibt er innerhalb der gesetzten Frist keine Erklärung ab, gilt der Regreßantrag als Antrag im Sinne des § 8.
3. Im übrigen gelten die Vorschriften des Allgemeinen Teils.

IV. *Verfahren zur Feststellung eines sonstigen Schadens, der einer Krankenkasse durch schuldhafte Verletzung vertragsärztlicher Pflichten entsteht.*

§ 28 Sonstiger Schaden

1. Die Prüfungseinrichtungen entscheiden auch über Ansprüche auf Schadenersatz, wenn der Vertragsarzt oder eine Person, für die er einzustehen hat, bei der Erfüllung vertragsärztlicher Pflichten die nach den Umständen erforderliche Sorgfalt außer acht läßt.
2. Die Vorschriften des Allgemeinen Teils gelten entsprechend.

V. *Verfahren in weiteren durch Gesetz, Vertrag oder sonstige Rechtsnormen bestimmten Fällen*

§ 29 Sonstige Fälle

Soweit andere Rechtsnormen die Zuständigkeit der Prüfungseinrichtungen begründen, gelten die Vorschriften dieser Prüfvereinbarung soweit in der betreffenden Norm keine spezielle Regelung getroffen wurde.

VI. *Inkrafttreten, Kündigung*

§ 30 Inkrafttreten

Diese Vereinbarung tritt am ... in Kraft und ersetzt die bisherigen Vereinbarungen.

§ 31 Kündigung

Diese Vereinbarung kann von jedem Vertragspartner mit einer Frist von 3 Monaten zum Ende eines Kalenderjahres, frühestens zum ..., gekündigt werden.

Der Bundestag hat mit Zustimmung des Bundesrates das folgende Gesetz beschlossen:

Gesetz zur Ablösung des Arznei- und Heilmittelbudgets (Arzneimittelbudget-Ablösungsgesetz – ABAG)

Artikel 1
Änderung des Fünften Buches Sozialgesetzbuch
- Gesetzliche Krankenversicherung -
(860-5)

Das Fünfte Buch Sozialgesetzbuch – Gesetzliche Krankenversicherung – (Artikel des Gesetzes vom 20. Dezember 1988, BGBl I S. 2477, 2482), zuletzt geändert durch Artikel 216 der Verordnung vom 29. Oktober 2001 (BGBl I S.2785), wird wie folgt geändert:

1. § 64 Abs. 3 wird wie folgt geändert:

a) Satz 1 erster Halbsatz wird wie folgt gefasst:

„Werden in einem Modellvorhaben nach § 63 Abs. 1 Leistungen außerhalb der für diese Leistungen geltenden Gesamtvergütungen oder Ausgabenvolumen nach den §§ 84 und 85 oder außerhalb der Krankenhausbudgets vergütet, sind die Gesamtvergütungen, Ausgabenvolumen oder Budgets, in denen die Ausgaben für diese Leistungen enthalten sind, entsprechend der Zahl und der Risikostruktur der am Modellvorhaben teilnehmenden Versicherten im Verhältnis zur Gesamtzahl der Versicherten zu verringern;“.

b) In Satz 2 werden nach dem Wort „Gesamtvergütungen" ein Komma und das Wort „Ausgabenvolumen" eingefügt.

2. Dem § 73 wird folgender Absatz angefügt:

„(8) Zur Sicherung der wirtschaftlichen Verordnungsweise haben die Kassenärztlichen Vereinigungen und die Kassenärztlichen Bundesvereinigungen sowie die Krankenkassen und ihre Verbände die Vertragsärzte auch vergleichend über preisgünstige verordnungsfähige Leistungen, einschließlich der jeweiligen Preise und Entgelte zu informieren sowie nach dem allgemeinen anerkannten Stand der medizinischen Erkenntnisse Hinweise zu Indikation und therapeutischen Nutzen zu geben. Die Informationen und Hinweise für die Verordnung von Arznei-, Verband- und Heilmitteln erfolgen insbesondere auf der Grundlage der Preisvergleichsliste nach § 92 Abs. 2, der Rahmenvorgaben nach § 84 Abs. 7 Satz 1 und der getroffenen Arzneimittelvereinbarungen nach § 84 Abs. 1."

3. § 84 wird wie folgt gefasst:

„§ 84 Arznei- und Heilmittelvereinbarung; Richtgrößen

(1) Die Landesverbände der Krankenkassen und die Verbände der Ersatzkassen gemeinsam und einheitlich und die Kassenärztliche Vereinigung treffen zur Sicherstellung der vertragsärztlichen Versorgung mit Arznei- und Verbandmitteln bis zum 30. November für das jeweils folgende Kalenderjahr eine Arzneimittelvereinbarung. Die Vereinbarung umfasst

1. ein Ausgabenvolumen für die insgesamt von den Vertragsärzten nach § 31 veranlassten Leistungen,
2. Versorgungs- und Wirtschaftlichkeitsziele und konkrete, auf die Umsetzung dieser Ziele ausgerichtete Maßnahmen (Zielvereinbarungen), insbesondere zur Information und Beratung und
3. Kriterien für Sofortmaßnahmen zur Einhaltung des vereinbarten Ausgabenvolumens innerhalb des laufenden Kalenderjahres.

(2) Bei der Anpassung des Ausgabenvolumens nach Absatz 1 Nr. 1 sind insbesondere zu berücksichtigen

1. Veränderungen der Zahl und Altersstruktur der Versicherten,
2. Veränderungen der Preise der Arznei- und Verbandmittel,
3. Veränderungen der gesetzlichen Leistungspflicht der Krankenkassen,
4. Änderungen der Richtlinien des Bundesausschusses nach § 92 Abs. 1 Nr. 6,
5. der wirtschaftliche und qualitätsgesicherte Einsatz innovativer Arzneimittel,
6. Veränderungen der sonstigen indikationsbezogenen Notwendigkeit und Qualität bei der Arzneimittelverordnung auf Grund von getroffenen Zielvereinbarungen nach Absatz 1 Nr. 2,
7. Veränderungen des Verordnungsumfangs von Arznei- und Verbandmitteln auf Grund von Verlagerungen zwischen den Leistungsbereichen und
8. Ausschöpfung von Wirtschaftlichkeitsreserven entsprechend den Zielvereinbarungen nach Absatz 1 Nr. 2.

(3) Überschreitet das tatsächliche, nach Absatz 5 Satz 1 bis 3 festgestellte Ausgabenvolumen für Arznei- und Verbandmittel das nach Absatz 1 Nr. 1 vereinbarte Ausgabenvolumen, ist diese Über-

schreitung Gegenstand der Gesamtverträge. Die Vertragsparteien haben dabei die Ursachen der Überschreitung, insbesondere auch die Erfüllung der Zielvereinbarungen nach Absatz 1 Nr. 2 zu berücksichtigen. Bei Unterschreitung des nach Absatz 1 Nr. 1 vereinbarten Ausgabenvolumens kann diese Unterschreitung Gegenstand der Gesamtverträge werden.

(4) Werden die Zielvereinbarungen nach Absatz 1 Nr. 2 erfüllt, können die beteiligten Krankenkassen auf Grund einer Regelung der Parteien der Gesamtverträge auch unabhängig von der Einhaltung des vereinbarten Ausgabenvolumens nach Absatz 1 Nr. 1 einen Bonus an die Kassenärztliche Vereinigung entrichten.

(5) Zur Feststellung des tatsächlichen Ausgabenvolumens nach Absatz 3 erfassen die Krankenkassen die während der Geltungsdauer der Arzneimittelvereinbarung veranlassten Ausgaben arztbezogen, nicht versichertenbezogen. Sie übermitteln diese Angaben nach Durchführung der Abrechnungsprüfung ihren jeweiligen Spitzenverbänden, die diese Daten kassenartenübergreifend zusammenführen und jeweils der Kassenärztlichen Vereinigung übermitteln, der die Ärzte, welche die Ausgaben veranlasst haben, angehören; zugleich übermitteln die Spitzenverbände diese Daten den Landesverbänden der Krankenkassen und den Verbänden der Ersatzkassen, die Vertragspartner der jeweiligen Kassenärztlichen Vereinigung nach Absatz 1 sind. Ausgaben nach Satz 1 sind auch Ausgaben für Arznei- und Verbandmittel, die durch Kostenerstattung vergütet worden sind. Zudem erstellen die Spitzenverbände der Krankenkassen gemeinsam und einheitlich für jede Kassenärztliche Vereinigung monatliche Berichte über die Entwicklung der Ausgaben von Arznei- und Verbandmitteln und übermitteln diese Berichte als Schnellinformationen den Vertragspartnern nach Absatz 1 insbesondere für Abschluss und Durchführung der Arzneimittelvereinbarung sowie für die Informationen nach § 73 Abs. 8. Für diese Berichte gelten Satz 1 und 2 entsprechend; Satz 2 gilt mit der Maßgabe, dass die Angaben vor Durchführung der Abrechnungsprüfung zu übermitteln sind. Die Kassenärztliche Bundesvereinigung erhält für die Vereinbarung der Rahmenvorgaben nach Absatz 7 und für die Informationen nach § 73 Abs. 8 eine Auswertung dieser Berichte. Die Spitzenverbände der Krankenkassen können eine Arbeitsgemeinschaft nach § 219 mit der Durchführung der vorgenannten Aufgaben beauftragen. § 304 Abs. 1 Satz 1 Nr. 2 gilt entsprechend.

(6) Die Vertragspartner nach Absatz 1 vereinbaren zur Sicherstellung der vertragsärztlichen Versorgung für das auf das Kalenderjahr

bezogene Volumen der je Arzt verordneten Arznei- und Verbandmittel (Richtgrößenvolumen) arztgruppenspezifische fallbezogene Richtgrößen als Durchschnittswerte unter Berücksichtigung der nach Absatz 1 getroffenen Arzneimittelvereinbarung, erstmals bis zum 31. März 2002. Zusätzlich sollen die Vertragspartner nach Absatz 1 die Richtgrößen nach altersgemäß gegliederten Patientengruppen und darüber hinaus auch nach Krankheitsarten bestimmen. Die Richtgrößen leiten den Vertragsarzt bei seinen Entscheidungen über die Verordnung von Arznei und Verbandmitteln nach dem Wirtschaftlichkeitsgebot. Die Überschreitung des Richtgrößenvolumens löst eine Wirtschaftlichkeitsprüfung nach § 106 Abs. 5a unter den dort genannten Voraussetzungen aus.

(7) Die Kassenärztliche Bundesvereinigung und die Spitzenverbände der Krankenkassen gemeinsam und einheitlich vereinbaren für das jeweils folgende Kalenderjahr Rahmenvorgaben für die Inhalte der Arzneimittelvereinbarungen nach Absatz 1 sowie für die Inhalte der Informationen und Hinweise nach § 73 Abs. 8. Die Rahmenvorgaben haben die Arzneimittelverordnungen zwischen den Kassenärztlichen Vereinigungen zu vergleichen und zu bewerten; dabei ist auf Unterschiede in der Versorgungsqualität und Wirtschaftlichkeit hinzuweisen. Von den Rahmenvorgaben dürfen die Vertragspartner der Arzneimittelvereinbarung nur abweichen, soweit dies durch die regionalen Versorgungsbedingungen begründet ist. Die Vertragsparteien nach Satz 1 beschließen mit verbindlicher Wirkung für die Vereinbarungen der Richtgrößen nach Absatz 6 Satz 1 die Gliederung der Arztgruppen und das Nähere zum Fallbezug. Ebenfalls mit verbindlicher Wirkung für die Vereinbarungen der Richtgrößen nach Absatz 6 Satz 2 sollen sie die altersgemäße Gliederung der Patientengruppen und unter Berücksichtigung der Beschlüsse des Koordinierungsausschusses nach § 137e Abs. 3 Nr. 1 die Krankheitsarten bestimmen. Darüber hinaus können sie für die Vereinbarungen nach Absatz 6 Satz 1 Empfehlungen beschließen. Der Beschluss nach Satz 4 ist bis zum 31. Januar 2002 zu fassen.

(8) Die Absätze 1 bis 7 sind für Heilmittel unter Berücksichtigung der besonderen Versorgungs- und Abrechnungsbedingungen im Heilmittelbereich entsprechend anzuwenden. Veranlasste Ausgaben im Sinne des Absatzes 5 Satz 1 betreffen die während der Geltungsdauer der Heilmittelvereinbarung mit den Krankenkassen abgerechneten Leistungen.

(9) Das Bundesministerium für Gesundheit kann bei Ereignissen mit erheblicher Folgewirkung für die medizinische Versorgung zur

Gewährleistung der notwendigen Versorgung mit Arznei- und Verbandmitteln die Ausgabenvolumen nach Absatz 1 Nr. 1 durch Rechtsverordnung mit Zustimmung des Bundesrates erhöhen."

4. § 106 wird wie folgt geändert:

a) In Absatz 2 wird jeweils das Wort „Richtgrößen" durch das Wort „Richtgrößenvolumen" ersetzt.

b) Absatz 5a wird wie folgt gefasst:

„(5a) Prüfungen bei Überschreitung der Richtgrößenvolumen nach § 84 Abs. 6 und 8 werden durchgeführt, wenn das Verordnungsvolumen eines Arztes in einem Kalenderjahr das Richtgrößenvolumen um mehr als 15 vom Hundert (Prüfungsvolumen) übersteigt und auf Grund der vorliegenden Daten der Prüfungsausschuss nicht davon ausgeht, dass die Überschreitung in vollem Umfang durch Praxisbesonderheiten begründet ist (Vorab-Prüfung). Die nach § 84 Abs. 6 zur Bestimmung der Richtgrößen verwendeten Maßstäbe können zur Feststellung von Praxisbesonderheiten nicht erneut herangezogen werden. Liegt das Verordnungsvolumen nur geringfügig über dem Prüfungsvolumen und stellt der Prüfungsausschuss die Unwirtschaftlichkeit der Verordnungsweise fest, bestimmt er, welche Beratungen sowie Kontrollmaßnahmen in den zwei darauf folgenden Kalenderjahren zu ergreifen sind. Bei einer Überschreitung des Richtgrößenvolumens um mehr als 25 vom Hundert hat der Vertragsarzt nach Feststellung durch den Prüfungsausschuss darüber hinaus den sich aus der Überschreitung des Prüfungsvolumens ergebenden Mehraufwand den Krankenkassen zu erstatten, soweit dieser nicht durch Praxisbesonderheiten begründet ist. Der Prüfungsausschuss kann auf Antrag den Erstattungsanspruch entsprechend § 76 Abs. 2 Nr. 1 und 3 des Vierten Buches stunden oder erlassen, soweit der Vertragsarzt nachweist, dass die Erstattung ihn wirtschaftlich gefährden würde. Der Prüfungsausschuss soll vor seinen Entscheidungen und Festsetzungen nach Satz 3 und 4 auf eine entsprechende Vereinbarung mit dem Vertragsarzt hinwirken, die im Fall von Satz 4 eine Minderung des Erstattungsbetrages um bis zu einem Fünftel zum Inhalt haben kann. Die in Absatz 2 Satz 4 genannten Vertragspartner bestimmen in Vereinbarungen nach Absatz 3 den Wert für die geringfügige Überschreitung des Prüfungsvolumens und das Verfahren der Erstattung des nach Satz 4 festgesetzten Betrages. Die Vertragspartner nach Absatz 2 Satz 4 können Abweichungen von den in Satz 1 und Satz 4 geregelten Vomhundertsätzen vereinbaren. Eine Klage gegen die Entscheidung des Beschwerdeausschusses hat keine aufschiebende Wirkung."

5. § 140f wird wie folgt geändert:

a) In Absatz 2 Satz 1 werden die Wörter „das Arznei-und Heilmittelbudget" durch die Wörter „die Ausgabenvolumen" ersetzt.

b) In Absatz 2 Satz 2 wird das Wort „Budgets" durch das Wort „Ausgabenvolumen" ersetzt.

c) Absatz 3 wird gestrichen.

6. § 296 wird wie folgt geändert:

a) In Absatz 1 Satz 1 werden nach dem Wort „Durchschnittswerten" die Wörter „und bei Überschreitung des Richtgrößenvolumens" und nach dem Wort „Krankenkassen" die Wörter „oder den von diesen beauftragten Stellen nach § 303 Abs. 2 Satz 1 unabhängig von der Erfüllung der Übermittlungspflicht nach Absatz 3" eingefügt.

b) In Absatz 3 Satz 1 wird das Wort „Richtgrößen" durch die Wörter „bei Überschreitung des Richtgrößenvolumens" ersetzt und nach den Wörtern „Kassenärztlichen Vereinigungen" die Wörter „unabhängig von der Erfüllung der Übermittlungspflicht nach Absatz 1" eingefügt.

c) Dem Absatz 4 wird folgender Satz angefügt:

„Die Kassenärztliche Bundesvereinigung und die Spitzenverbände der Krankenkassen bestimmen im Vertrag nach § 295 Abs. 3 Nr. 5 Näheres zu den Fristen der Datenübermittlungen nach Absatz 1 und 3 sowie zu den Folgen der Nichteinhaltung dieser Fristen."

6a. In § 303 wird Absatz 2 Satz 1 wie folgt gefasst:

„Die Krankenkassen können zur Vorbereitung und Kontrolle der Umsetzung der Vereinbarungen nach § 84, zur Vorbereitung der Prüfungen nach den §§ 106, 112 Abs. 2 Satz 1 Nr. 2 und § 113, zur Vorbereitung der Unterrichtung der Versicherten nach § 305 sowie zur Vorbereitung und Umsetzung der Beratung der Vertragsärzte nach § 305a Arbeitsgemeinschaften nach § 219 mit der Speicherung, Verarbeitung und Nutzung der dafür erforderlichen Daten beauftragen. "

7. § 305a wird wie folgt gefasst:

„§ 305a Beratung der Vertragsärzte

Die Kassenärztlichen Vereinigungen und die Krankenkassen beraten in erforderlichen Fällen die Vertragsärzte auf der Grundlage von Übersichten über die von ihnen im Zeitraum eines Jahres oder in einem kürzeren Zeitraum erbrachten, verordneten oder veranlassten Leistungen über Fragen der Wirtschaftlichkeit. Ergänzend können die Vertragsärzte den Kassenärztlichen Vereinigungen die Daten über die von ihnen verordneten Leistungen nicht versichertenbezogen übermitteln, die Kassenärztlichen Vereinigungen können diese Daten für ihre Beratung des Vertragsarztes auswerten und auf der Grundlage dieser Daten erstellte vergleichende Übersichten den Vertragsärzten nicht arztbezogen zur Verfügung stellen. Die Vertragsärzte und die Kassenärztlichen Vereinigungen dürfen die Daten nach Satz 2 nur für im Sozialgesetzbuch bestimmte Zwecke verarbeiten und nutzen."

Artikel 2
Aufhebung der Verringerungen der Gesamtvergütungen

Die Verringerungen der Gesamtvergütungen zum Ausgleich der Budgetüberschreitungen nach § 84 Abs. 1 des Fünften Buches Sozialgesetzbuch in der bis zum Inkrafttreten dieses Gesetzes geltenden Fassung entfallen für den Zeitraum vor Inkrafttreten dieses Gesetzes.

Artikel 3

§ 1 Übergangsregelung für die Arznei- und Heilmittelvereinbarungen für das Jahr 2002

(1) Die Landesverbände der Krankenkassen und die Verbände der Ersatzkassen gemeinsam und einheitlich und die Kassenärztliche Vereinigung treffen die Arzneimittelvereinbarung nach § 84 Abs. 1 des Fünften Buches Sozialgesetzbuch für das Jahr 2002 bis zum 31. März 2002. Das Ausgabenvolumen für die Arznei- und Verbandmittel für das Jahr 2002 ist auf Grundlage der für das Jahr 2001 geltenden Budgetvereinbarung auf die Versorgungsbedingungen in der Kassenärztlichen Vereinigung nach den Anpassungsmaßstäben des § 84 Abs. 2 des Fünften Buches Sozialgesetzbuch auszurichten. Die Rahmenvorgaben für die Inhalte der Arzneimittelvereinbarungen nach § 84 Abs. 7 des Fünften Buches Sozialgesetzbuch für das Jahr 2002, einschließlich für das Ausgabenvolumen nach Satz 2, vereinbaren die Kassenärztliche Bundesvereinigung und die Spitzenverbände der Krankenkassen bis zum 31. Januar 2002.

(2) Absatz 1 gilt entsprechend für die Heilmittelvereinbarung.

§ 2 Übergangsregelung für die Prüfungen ärztlich verordneter Leistungen nach § 106 Abs. 2 Nr. 1 des Fünften Buches Sozialgesetzbuch in den Jahren 2002 und 2003

Prüfungen nach Richtgrößen im Jahr 2002 erfolgen entsprechend § 106 Abs. 5a des Fünften Buches Sozialgesetzbuch in der Fassung dieses Gesetzes auf der Grundlage der Richtgrößenvereinbarungen nach § 84 Abs. 3 des Fünften Buches Sozialgesetzbuch in der bis zum Inkrafttreten dieses Gesetzes geltenden Fassung. Liegen die erforderlichen Voraussetzungen für die Prüfungen nach Satz 1 nicht vor, sind im Jahr 2002 getrennt Prüfungen ärztlich verordneter Arznei- und Verbandmittel sowie ärztlich verordneter Heilmittel nach Durchschnittswerten gemäß § 106 Abs. 1 bis 5 des Fünften Buches Sozialgesetzbuch und der dazu getroffenen Vereinbarungen im gebotenen Umfang durchzuführen.

Abweichend von § 106 Abs. 2 Satz 6 des Fünften Buches Sozialgesetzbuch können bis zum 31. Dezember 2003 Prüfungen ärztlich verordneter Arznei- und Verbandmittel sowie ärztlich verordneter Heilmittel nach Durchschnittswerten zusätzlich zu Prüfungen nach Richtgrößen durchgeführt werden. Die Klage gegen die Entscheidung des Beschwerdeausschusses hat keine aufschiebende Wirkung. Führen jeweils beide Prüfungsverfahren zu Erstattungsansprüchen der Krankenkassen, verringert sich der Erstattungsbetrag im Rahmen der Prüfung nach Richtgrößen um den im Rahmen der Prüfung nach Durchschnittswerten festgesetzten Betrag.

Artikel 3a
Festsetzung des Vertragsinhalts durch das Schiedsamt

Kommen die Vereinbarungen nach § 84 Abs. 1 und 6 des Fünften Buches Sozialgesetzbuch sowie nach Artikel 3 § 1 Abs. 1 Satz 1 und Abs. 2 innerhalb der dort genannten Fristen ganz oder teilweise nicht zustande, setzt das von den Vertragsparteien gebildete Schiedsamt (§ 89 Abs. 1 und 2 des Fünften Buches Sozialgesetzbuch) den Vertragsinhalt innerhalb eines Zeitraums von zwei Monaten nach Fristablauf fest. Kommen die Vereinbarungen nach § 84 Abs. 7 und nach Artikel 3 § 1 Abs. 1 Satz 3 und Abs. 2 innerhalb der dort genannten Fristen ganz oder teilweise nicht zustande, setzt das von den Vertragsparteien gebildete Schiedsamt (§ 89 Abs. 1 und 4 des Fünften Buches Sozialgesetzbuch) den Vertragsinhalt innerhalb eines Zeitraums von einem Monat nach Fristablauf fest.

Artikel 4
Inkrafttreten

Dieses Gesetz tritt mit Wirkung zum 31. Dezember 2001 in Kraft.

Stichwortverzeichnis